MISSION : TENIR

www.editions-jclattes.fr

Laetitia Saint-Paul
avec Céline Cabourg

MISSION : TENIR

De l'Armée
à l'Assemblée nationale

JC Lattès

Couverture : © LaLégende, Thierry Feuillet

ISBN : 978-2-7096-6830-9

Première édition février 2021.

À mon mari Alexandre,
nos enfants Aurore et Luc,
car la vie sait toujours nous rappeler,
dans la douceur ou la douleur,
que là réside l'essentiel.

Ça y est, c'est à mon tour de prendre la parole en tant que vice-présidente en charge des questions internationales. Je suis au Sommet des présidents de parlement du G20 de Tokyo, en novembre 2019. Devant moi, l'assemblée est organisée en arc de cercle, je me tiens assise à la table des négociations, face au monde. Dans cette salle à la lumière artificielle crue, un parterre de silhouettes masculines m'entoure, oreillettes et cernes de circonstance, plus ou moins creusés selon le décalage horaire, avec, devant chacun d'entre nous, un boîtier de traduction.

Après les États-Unis, c'est à la France de s'exprimer. Je le fais dans notre langue. Une lumière verte s'allume sur mon micro. C'est à moi. Depuis toujours, sur mes bulletins de notes, mes professeurs ont rivalisé de créativité pour souligner mes talents d'oratrice : « Très bonne élève, mais totalement absente à l'oral/gagnerait à retrouver sa langue/jamais entendu le son de sa voix/discrète sans toutefois être effacée… »

Au fil des années, j'ai appliqué à la lettre ce qu'André Gide dictait à Nathanaël : « Ce qu'un autre aurait aussi bien dit que toi, ne le dis pas. » La curiosité de l'opinion des autres l'emporte toujours sur le besoin de m'exprimer. Ce n'est pas un manque d'assurance, mais plutôt un souci de bien jauger le moment opportun. C'est sans doute pour cette raison que l'on ne m'entendait pas, jusque-là.

Aujourd'hui, c'est bien le son de ma voix qui doit porter celle de la France. Je ressens exactement ce que j'ai éprouvé au printemps 2005, en Guyane, lorsque, élève à Saint-Cyr, en stage de survie au Centre d'entraînement de la forêt équatoriale (CEFE), je m'apprêtais à sauter de l'hélicoptère dans le fleuve Maroni, point de départ d'un raid où s'enchaînaient pistes, courses d'orientation et construction de bivouac. Je me souviens du bruit du vent dans les pales, de la chaleur moite, du poids du paquetage chargé de sacs étanches, cordages, moustiquaires, hamac et armement, et surtout de cette boule au ventre au milieu de cette nature hostile : « Quelle mouche m'a piquée ? » me disais-je déjà à l'époque.

Une voix annonce mon nom… Je m'avance.

À ce moment précis, c'est comme si tous les revers, les rêves brisés, les doutes, les épreuves, s'agglroméraient pour que ma voix soit claire, forte, et le silence dans la salle pour l'accueillir, assourdissant. À près de 40 ans, je me suis mise au monde.

L'audace du soldat

« L'esprit militaire, l'art des soldats,
leurs vertus sont une partie intégrante
du capital des humains. »

Charles de Gaulle,
Le Fil de l'épée.

Février 2017. Je viens de remplir mon acte de candidature à la commission d'investiture de « En Marche ». Envoyé ! Pas de retour en arrière possible. Il faut dire que ce n'est pas dans ma nature de faire des refus de sauts.

Je suis bien consciente que je me mets en dehors des clous. Je viens bousculer la tradition d'incompatibilité entre les champs militaire et politique. Le maréchal Leclerc lui-même ne disait-il pas : « Ce que j'ai fait de plus grand, je l'ai fait en désobéissant » ?

Ce qui est certain, c'est que je n'ai pas mûri cette décision. Elle n'est aucunement inscrite dans un plan de carrière. Elle n'est pas non plus le fruit du hasard, ou d'un quelconque effet d'aubaine. Il ne faut jamais se dire qu'une opportunité arrive trop tôt ou trop tard, par définition, il faut la saisir quand elle se présente. Lorsque j'avais vingt ans, j'avais eu besoin d'inscrire ma soif d'action en passant le concours de Saint-Cyr pour entrer dans l'armée. À 36 ans, je sens que je peux servir la France autrement, avec autant de conviction. Mon action militaire se prolonge en engagement politique.

Mon chemin est d'autant plus inattendu que je ne suis pas devenue militaire par prédisposition familiale. Mes parents tenaient un bureau de tabac et mes grands-parents étaient boulangers. Enfant, j'adorais les jeux de stratégie, je fabriquais des plateaux de batailles navales avec des morceaux de carton. Est-ce pour cela que la petite fille que j'étais a voulu s'engager dans l'armée ? J'avais déjà, aussi étrange que cela puisse paraître s'agissant d'une enfant, un fort sentiment d'attachement au pays.

Aux cérémonies commémoratives à Rennes, la ville où j'ai grandi, j'étais admirative des personnes en uniforme. Pour moi, l'engagement était une belle manière de donner du sens à sa vie. Cela m'a poursuivie toute ma scolarité. Je trouvais complètement inique ce cliché du militaire sans cervelle et buté. Au lycée, je me suis alors démenée pour décrocher une prépa HEC dans un lycée militaire, et j'ai finalement été reçue au Prytanée national militaire de La Flèche à l'été 1999. Mon quotidien changeait radicalement.

Le but était de décrocher le concours de Saint-Cyr. Au cours de ces années de scolarité, plusieurs de mes camarades, comme c'est souvent le cas en classes préparatoires, ont abandonné ce cursus. Ma détermination s'est transformée en entêtement à réussir : tenir, quelles que soient les difficultés, les occasions de découragement. J'avais décidé que rien ne m'empêcherait d'atteindre et réussir le concours, quitte à supporter toutes formes de pression. Il y a une phrase de Georges Courteline que j'adore : « Il vaut mieux gâcher sa jeunesse que de n'en rien faire du tout. » Cela restera une constante par la suite.

Militaire-militante

« Dans la vie, il n'y a pas de solutions.
Il y a des forces en marche.
Il faut les créer et les solutions suivent. »

Antoine de Saint-Exupéry,
Vol de nuit.

J'ai toujours été très sensible à l'idée du juste, quitte à renverser la table quand cela a été nécessaire. Jamais par orgueil, toujours par détermination. Sans cette forme d'intransigeance, je n'aurais pas réalisé mes rêves. Je suis une femme d'action, je ne me laisse pas détourner de mon objectif. Battante et combattante.

Au sein de l'armée, dès le début de ma carrière, je suis une militaire-militante. De 2009 à 2013, alors que je suis à la tête de la compagnie binationale franco-allemande, la Zwote, je m'investis dans les jumelages que nous entretenons avec plusieurs autres villes de garnison, Badenweiler, Schliengen et Vittel. Les échanges entre nos villes et leurs problématiques locales me passionnent. Attachée également aux symboles, je demande que l'on rebaptise l'une des rues de la Robert Schuman Kazerne, « rue Schliengen ». J'aime échanger avec les élus, les Vittellois en particulier, je prends vraiment goût à la vie publique. Ce « lien armée-nation », au cœur de ces jumelages, devient une petite graine que je sème sur le terrain politique et qui bientôt germera selon son cycle naturel. L'armée, sans aucun doute possible, fait partie intégrante de la Nation.

Je m'investis aussi dans la question des droits des militaires au sein du Conseil de la fonction militaire Terre. Porter des valeurs, les défendre, c'est ma raison d'être. Cela n'est pas toujours facile, j'ai essuyé un certain nombre de critiques, moqueries et commentaires vraiment désagréables sur ma détermination. Mais j'ai eu raison de tenir. J'aime me battre pour mes idées. C'est comme une autodiscipline.

Le vrai tournant se produit en juin 2013, à l'occasion d'un déménagement. Mon mari, militaire lui aussi, a décidé de demander sa mutation à Saumur. Nous allons quitter l'Allemagne pour rentrer en France.

Alexandre est officier de cavalerie (qui correspond aujourd'hui aux blindés). Depuis qu'il y a fait des stages au début de sa carrière, il rêve d'installer sa famille dans cette région du Maine-et-Loire, où la tradition militaire est très ancrée. L'idée me séduit. Je me souviens y être allée, enfant, voir le Cadre noir, un spectacle dans ce centre de formation pour cavaliers. Nous plaçons Saumur en tête de nos choix sur la fiche de mutation. La direction des ressources humaines de l'armée de Terre n'a plus qu'à adhérer à notre idée géniale : Alexandre retournerait dans son cœur de métier, et moi je préparerais le concours de l'École de guerre. L'ordre de mutation tombe : ce sera Saumur !

À l'été, nous nous mettons en quête de la maison de nos rêves. Nous l'imaginons en pierre de tuffeau, typique de la vallée de la Loire. Nous arpentons les petites routes de campagne, à la recherche d'un village rural authentique.

À Turquant, nous tombons sous le charme d'une ruine qui correspond à nos aspirations de redonner vie à ce patrimoine. Nous aménagerons une cave à vin dans la partie troglodyte. Je suis touchée par l'accueil chaleureux des voisins. Nous sommes confortés dans notre choix de vivre à la campagne.

En 2014, je décide de me présenter comme conseillère municipale aux élections de Turquant. Hélas, même si je les connaissais, je mesure concrètement, pour la première fois, les restrictions liées à mon statut de militaire : interdiction d'adhérer à un parti ou à un syndicat, mise en détachement sans solde en cas d'élection, quel que soit le mandat, devoir de réserve. Moi qui ai sacrifié ma liberté pour préserver celle des autres, je suis entravée.

Cela me met hors de moi. En quoi être conseillère municipale d'un village de 600 habitants pose-t-il un problème ? Pourtant, je dois me résigner. Les mois passent et un jour de mars, je découvre que le capitaine de vaisseau de Lorgeril, officier de marine, a été élu conseiller municipal à Garat, commune de Charente de 2 000 habitants. Impressionnée que quelqu'un ait eu l'audace d'ouvrir une jurisprudence, je décide de lui adresser un message de félicitations et lui demande la procédure qui lui a permis d'être élu sans être placé en position de détachement. Il est convaincu de sa démarche et me propose de le rencontrer. Il se dégage de lui une vraie liberté. Il est beaucoup moins impressionné que moi par la pesanteur du système ; pourtant, l'avenir me donnera raison. Les règles le rattrapent. L'opposition municipale de sa commune a fait front et il est obligé d'abandonner son mandat.

Il ne baisse pas les bras pour autant et décide de porter la question devant le Conseil constitutionnel à travers une question prioritaire de constitutionnalité (QPC) à laquelle je propose d'apporter mon soutien. Il se trouve que je peux essayer de libérer un peu de temps, je suis enceinte de mon deuxième enfant et mon congé maternité approche à grands pas. Le bébé, la QPC, les travaux arriveront à leur terme en même temps – il paraît que dans la vie, il n'y a pas de hasard !

Le 28 novembre 2014, victoire ! Le Conseil constitutionnel demande au gouvernement d'abroger l'article en question d'ici aux prochaines élections municipales de 2020. Il limite cette modification aux scrutins municipaux. Il ne reste plus au législateur qu'à entériner cette petite révolution. Le point d'orgue sera cocasse puisque quelques années plus tard, je voterai cette loi.

Désormais, et à compter des municipales de 2020, les serviteurs de la « grande muette » qui seront élus conseillers municipaux conserveront leur statut professionnel de militaire. Première victoire politique gagnée.

Avec cette question prioritaire de constitutionnalité, je participe, pour la première fois, à faire évoluer le droit. Pendant les vacances de Noël de 2016, je profite de mon temps libre pour me plonger dans les ouvrages politiques des candidats à l'élection présidentielle, lis

Faire de François Fillon qui vient d'être investi par les Républicains, et *Révolution*, d'Emmanuel Macron. Je suis séduite par la volonté politique de ce dernier de dépasser les clivages traditionnels gauche-droite. Ce livre résonne d'autant plus en moi que je suis imprégnée du devoir de réserve et n'ai jamais milité pour autre chose que la France et ceux qui la servent. Je me reconnais dans son discours volontariste : « Si nous voulons avancer, construire notre pays et une prospérité du XXIe siècle dans le droit fil de notre Histoire, il nous faut agir. Car la solution est en nous. (...) Elle ne dépend que d'une chose : notre unité, notre courage, notre volonté commune. » Ces mots font sens pour moi. Écrire l'Histoire avec un grand H, dépasser les clivages, ne pas s'accommoder d'inerties, je retrouve un champ lexical que je connais.

En janvier 2017, je rejoins le comité En Marche local avec une de mes amies, Stéphanie, ma cadette d'un an à Saint-Cyr. Le fait que ce ne soit qu'un mouvement et non un parti politique n'entrave pas ma liberté d'agir. La première réunion a lieu dans un café avec une grande variété de public, jeunes, plus âgés, toutes professions, et nous deux, capitaines à Saumur, qui attirons des regards curieux et bienveillants. Ce désir des Marcheurs d'avancer dans le même sens, par-delà leur diversité, est très fort. Avant même que le candidat Emmanuel Macron ne lance l'appel aux femmes pour les inciter à s'engager, je sais déjà que je vais franchir le pas de la candidature à l'investiture.

J'ai la conviction que les militaires ont quelque chose à apporter à la vie de la cité et m'en serais voulue de ne pas avoir poussé ma logique jusqu'au bout.

Avec cette carrière dans l'armée à laquelle rien ne me prédestinait, je me dis que je peux être utile et faire de la politique autrement. Même s'il a bien évolué, le monde politique a besoin d'un nouvel élan. L'appel au renouveau me parle et m'emporte. Quinze ans après mon engagement sous les drapeaux, celui-ci prend une nouvelle forme : l'engagement politique.

« Dépêchez-vous d'attendre »

« Se hâter lentement,
se résoudre sagement,
exécuter hardiment
sont les marques d'un bon chef. »

Jacques Amyot,
Le Bréviaire.

C'est à Saint-Cyr, de 2002 à 2005, que j'ai vécu mes pires moments d'attente. En plein hiver, sur les terrains de manœuvres du Bois du Loup, tous les deux mois, nous partions avec une pelle US sur le dos creuser un trou sur ce terrain boueux dans lequel nous devions attendre plusieurs nuits durant, sous une bâche camouflage étanche, cet ennemi qui ne viendrait jamais. Sans dormir, je restais là alors que la pluie tombait, en poncho et en treillis, avec tout ce que l'on pouvait se mettre sur le dos, et les secondes s'étiraient en minutes, heures, jours. C'est un paradoxe de nos carrières : nous les embrassons pour le côté intrépide, mais elles sont marquées par de longs moments d'attente. « Je me sens engluée dans le présent. » Élève, je répétais souvent cette formule qui faisait rire mes camarades, mais qui rend bien le côté collant de ces heures interminables.

Dans ces moments-là, j'avais l'impression de n'avoir ni passé ni avenir. J'avais les mêmes sensations lors des exercices de sauts en parachute, lorsque la météo n'était pas bonne et que l'on pouvait patienter des heures avec vingt kilos de matériel sur le dos. Nous attendions parfois des journées entières sur le tarmac. Bien sûr, en entrant à l'école, chacun de nous savait cela, mais entre le savoir et le vivre…

Nos vies militaires étaient ponctuées de longueurs, de moments d'ennui, mais au fond de mon trou boueux, je me souvenais de ces scènes, enfant, où en bord de mer, nous attendions assis sur le sable, à ne rien faire, le fameux feu vert des deux heures de digestion pour enfin pouvoir se baigner. Je me disais : Quand as-tu déjà ressenti ce temps étiré, cet ennui-là ? Alors, tous ces souvenirs d'enfance revenaient à ma mémoire.

Mes parents étaient commerçants. Les vacances, ils n'y pensaient même pas. Ils travaillaient presque 7 jours sur 7, 52 semaines par an. Ma sœur, de trois ans mon aînée, et moi passions nos vacances chez tante Réjane à Saint-Cast dans les Côtes-d'Armor. Elle veillait sur nous comme le lait sur le feu, surtout lorsque nous allions à la plage. Des années plus tard, lycéenne, la lecture de ces quelques lignes d'Antigone m'a renvoyée à ces scènes d'attente originelle : « Il fallait comprendre (…) qu'on ne doit pas se baigner quand il est trop tôt ou trop tard, mais pas juste quand on en a envie ! Comprendre. Toujours comprendre. Moi, je ne veux pas comprendre. Je comprendrai quand je serai vieille. Si je deviens vieille. Pas maintenant. »

Adolescente et jeune adulte, je me souviens aussi de ces moments d'attente oppressants des résultats de concours. Nous avions planché sur une synthèse qui devait tenir en trois heures, à une vitesse inouïe et aussitôt après nous entrions dans le tunnel de l'attente pendant des semaines avant que ne tombe le couperet de l'admissibilité et des admissions. À l'armée, dans ces situations d'accélération suivies d'un temps mort, de course contre la montre avant l'arrivée sur objectif, nous avons inventé cette expression : « Dépêchez-vous d'attendre ! » À nous observer pendant certains exercices sur le terrain, mon binôme Nadia et moi, on aurait pu voir deux filles attendant Godot dans le désert des Tartares… Dans ces situations difficiles, on ne se projette nulle part. Nous attendions l'issue. Aujourd'hui, je comprends mieux ces récits de gens qui peuvent se sentir bloqués, sans entrevoir la moindre solution, car dans ces moments-là, c'est ce que nous éprouvions. À la fin de notre scolarité, les journées nous ayant semblé des mois, nous avions l'impression d'être vieilles, très vieilles !

Cette longue expérience de l'attente m'avait prédisposée, jusqu'à mes 40 ans, à me faire au temps qui filait. Je ne faisais pas partie de celles qui vivent mal le poids des années, l'arrivée des premières rides, jusqu'à ce que la vie vienne me rappeler ma finitude et que brusquement ce rapport au temps change.

J'ai vécu plusieurs grossesses durant ma vie de femme active. Je les ai vécues un peu comme un stage commando. Lorsqu'on a l'habitude de tout maîtriser, c'est un véritable apprentissage que de se soumettre à la nature. Je n'avais aucun moyen de contrôle.

C'est aussi ce lâcher-prise que j'ai expérimenté avant la publication des décisions de la commission d'investiture en mai 2017. Eh oui, parfois des expériences aussi fortes et différentes que la maternité et la politique peuvent se rejoindre ! Je ne suis pas complètement à l'aise, je n'ai rien dit à ma hiérarchie militaire. Je sais que j'ai pris un risque énorme, qui peut prendre une ampleur nationale dans le monde militaire. Je sais également que mes chances d'être investie sont faibles, le ratio étant de 30 candidats par circonscription. Je garde espoir.

Puis, une fois investie, après avoir mené campagne tambour battant, lorsque l'on s'est battue pour porter des idées, un programme, on attend avec impatience le verdict des urnes. On a tout donné et brusquement, à minuit le vendredi, la campagne s'arrête net. Dépêchez-vous d'attendre !

Même après l'élection, le vote des amendements est marqué par l'attente. Nous sommes dans l'hémicycle, et nous attendons patiemment le passage de ce texte mûri des heures au préalable, des jours, des mois et son inscription à l'ordre du jour sur la feuille verte, tandis que l'agenda des débats est décidé en conférence des présidents. Si le texte est important, avec des milliers d'amendements, on peut s'impatienter de voir arriver le sien. Il suffit de se brancher sur le direct de la chaîne de l'Assemblée nationale pour nous voir à ce moment-là, avec notre exposé des motifs, nos arguments écrits sur une feuille béquille même si nous les connaissons par cœur. Notre patience est mise à rude épreuve.

Porter des idées est un vrai combat. Au moment du scrutin, nous avons toujours cette inconnue : avons-nous réussi à convaincre nos collègues ? Voteront-ils à l'encontre d'un avis défavorable du gouvernement ou du rapporteur ?

Pourtant, paradoxalement, le temps politique du quinquennat est terriblement court. Cinq ans pour réformer, c'est peu, et il est illusoire d'espérer en récolter tous les fruits avant la fin de la mandature. Le temps médiatique, lui, est différent ; il oscille entre quelques secondes de vie d'un tweet à quelques semaines ou mois pour les sujets importants. Cette capacité à tenir se révèle particulièrement précieuse dans ma carrière politique. Je m'inscris dans la jurisprudence inverse de « La politique du tweet » de Donald Trump. Je ne comprends pas ces réactions compulsives. Il a ébranlé le monde avec une poignée de caractères instantanés. Ceux sur Israël, l'Iran, l'Europe sont une ingérence que je condamne. Nous sommes responsables politiques, nous ne sommes pas commentateurs ; ainsi, j'utilise avec parcimonie cette présence en ligne.

Le rythme politique est fractionné entre le temps long et les temps courts (la gestion de la pandémie en est un bel exemple). Mon message aux électeurs, qui est aussi un conseil à mes collègues, est simple : il est parfois urgent d'attendre, au sens militaire, de prendre le temps de la réflexion, de ne pas craindre le temps vide – il sera fécond.

Habilitée secret défense

« Personne au monde n'empêchera les gens
de parler dans ton dos.
Le principal, c'est qu'ils se taisent
quand tu te retournes. »

Michel Audiard,
Un idiot à Paris.

À peine annoncée mon investiture comme candidate En Marche pour les élections législatives, je me présente, toutes émotions à fleur de peau, dans le cabinet de mon général, pour lui rendre compte immédiatement.

Pris de court, le général écourte notre entretien et me convoque le lendemain. Durant tous ces mois, j'avais gardé le silence, bien décidée à ne pas faire capoter mon plan. Après tout, ne surnomme-t-on pas l'armée « la grande muette ? » C'est vrai, j'ai fait mienne la formule de Voltaire : « Dire le secret d'autrui est une trahison, dire le sien est une sottise. » Tous mes proches le savent, je suis une tombe ! Cela m'a même parfois valu des frictions avec mon mari qui apprenait tardivement quelque chose que j'avais tu pendant des mois. Cette faculté à garder le secret pour ne pas s'exposer se marie assez bien à ma capacité à attendre. Cela me ménage un temps long, utile aussi bien dans l'armée qu'en politique.

Le lendemain du rendez-vous, lors de notre deuxième rencontre, je comprends vite quel est l'état d'esprit du général. La tension est un peu retombée, je ne suis pas la seule à être sortie du rang, nous sommes quelques militaires investis par En Marche, ce qui contribue à détendre un peu l'atmosphère. Il y a Marion Buchet, 35 ans, pilote de chasse sur Mirage 2000, en Meurthe-et-Moselle et Loïc Corregé, sous-officier de l'armée de Terre, candidat dans les Pyrénées-Atlantiques face à Jean Lassalle. Le général me fait comprendre que s'il avait su, il m'en aurait dissuadée. Affleure d'abord la déception de celui qui a cru en moi, s'est battu pour que je sois promue commandant. Mon général est une personne que je respecte énormément, qui a une vraie autorité. Il m'a aidée pour la préparation du concours de l'École de guerre en me plaçant dans les meilleures conditions, mais là il n'est pas question de trahison, de manque de confiance. Il s'agit de conserver un secret et une fois encore, je m'y connais. Respecter la procédure m'oblige à une chose : le tenir informé au moment où je suis candidate, ce dont je m'acquitte. Après la déception vient le temps de la tentative de dissuasion. Mon général me campe la difficulté de cette nouvelle mission : Charles-Henri Jamin, Éric Touron, mes adversaires sont implantés ici depuis des années. Il me met en garde : si j'échoue, j'aurais tout perdu, l'élection, ma carrière, ma crédibilité. « Passez le concours de l'École de guerre ! » me conseille-t-il une dernière fois. Il le voit comme un filet de sécurité en cas d'échec électoral, qui est très probable.

L'École de guerre est LE passage obligé des officiers saint-cyriens. Nous ne sommes pas comme les énarques qui réussissent un concours difficile à 20 ans et en tirent bénéfice *ad vitam aeternam*. Nous, militaires, remettons en question notre savoir à la fin du temps de commandement et passons ce concours qui détermine toute la suite de nos carrières. En cas de réussite, l'espoir est donné de commander un régiment et d'accéder aux étoiles de général ; d'où la stupéfaction de mon chef de me voir saborder ce passage obligé. Il est par ailleurs très bienveillant à mon égard, il croit vraiment en moi et aimerait que je puisse progresser jusqu'au sommet de cette institution. Et puis, il faut bien le reconnaître, ce pari, à cet âge, de réussir une carrière politique à l'échelle nationale est aussi audacieux qu'incertain.

Je serais le premier (et la première) militaire d'active de l'Histoire de France à être élu(e) député(e). Graver mon nom dans le marbre m'importe peu, j'ai foi en l'action politique et en ce projet que je porte. Mais le général insiste : « Passez ce concours, capitaine ! »

Je me laisse finalement convaincre et grommelle un « Oui ». S'ensuivent alors des échanges très riches et bien plus apaisés sur nos visions respectives de la France. Nous constatons que notre pays est de plus en plus clivé. Hommes et femmes, jeunes et retraités, salariés et indépendants, privé et public, riches et pauvres. Cela rejoint cette vision du monde et des événements de plus en plus manichéenne. Il n'y a plus de nuances, tout est devenu noir ou blanc. Or la décision politique est précisément là pour trouver l'équilibre difficile de l'intérêt général.

Nos échanges m'inspireront d'ailleurs pour rédiger une note au Premier ministre lors de la crise des Gilets jaunes.

Sauter du Transall

« Ce pour quoi tu acceptes de mourir,
c'est cela seul dont tu peux vivre. »

Antoine de Saint-Exupéry,
Carnets.

Le lendemain de l'investiture, le président Emmanuel Macron convie les 428 candidats à Paris, au musée du Quai Branly. Dans le train, les candidats En Marche, qui ont choisi de se rassembler dans le même compartiment, mettent une joyeuse ambiance. J'avoue que je ne boude pas mon plaisir. C'est une habitude que j'ai prise : je fête toujours les quarts de finale. Beaucoup de gens attendent la fin de l'aventure avant de se réjouir. Mais moi, je savoure tous les instants. Si cela ne devait pas durer, personne ne me retirerait ce plaisir-là. C'est un état d'esprit : toutes les étapes intermédiaires d'un projet m'ont toujours donné satisfaction.

Nous arrivons au Quai Branly en fin de matinée. Devant le musée, une nuée de journalistes forme un comité d'accueil. Moi qui suis étrangère aux cohortes de photographes, cela m'évoque les tapis rouges de stars hollywoodiennes. J'en ignore la raison, mais *Le Journal du Dimanche* a choisi de suivre en reportage les sept candidats de Maine-et-Loire ; peut-être à cause de la notoriété de Matthieu Orphelin qui me pousse vers eux : « Laetitia, tu es inconnue, tu n'as qu'un mois pour gagner, vas-y ! »

Bousculée, je regarde autour de moi et réalise qu'effectivement aucun des candidats ne se précipite. Mathieu a trouvé l'argument qui me convainc : quand notre notoriété se cantonne au couloir B 23 de notre bâtiment de travail et à l'association Familles Rurales de notre village, il n'est pas inutile de s'employer à la booster. J'avance donc dans la foule de perches et de caméras, sans avoir préparé de discours, avec ma seule sincérité ; je force ma nature, nécessité fait loi. J'apprendrai plus tard que je viens de faire mon premier TF1, ce qui équivaut à mon premier saut en parachute à Pau alors que j'étais élève officier d'active à Saint-Cyr. La lumière verte du Transall s'allume, la sirène hurle, je verrouille mon cerveau et je franchis la porte.

Au moment d'entrer dans la salle de conférences du Quai Branly, nous sommes contents d'être tous ensemble. Le groupe des « 49 » attend l'arrivée du président de la République. Je ne sais pas me placer et jouer des coudes ; je n'ai pas non plus le réflexe de la touriste qui mitraille de photos, mais cette fois-ci, exceptionnellement, je souhaite partager ce moment avec les militants. Pendant ce temps, l'équipe de campagne travaille d'arrache-pied en circonscription pour préparer les documents à remettre à la préfecture. Nous sommes un samedi, la date limite est fixée au mardi.

Lorsque retentit *La Marseillaise*, en clôture du discours, j'ai la sensation de vivre un moment historique à double titre : cet hymne a ponctué nombre d'étapes de ma carrière militaire ; ce jour-là, de façon très symbolique, elle marque mon entrée en politique. Et puis, l'occasion ne m'est pas souvent donnée de rencontrer un président de la République ! Vient ensuite le moment de la photo officielle de l'affiche électorale : mon visage, à côté du président Emmanuel Macron, sur fond bleu. Je me trouve trop maquillée, je ne me reconnais pas bien, ce qui n'empêche pas mon fils Luc, alors âgé de 2 ans, d'écarquiller les yeux en voyant le stock d'affiches posées dans un coin du salon et de lancer tout content un : « Maman ! Maman ! Maman ! » Devant le visage du président de la République, il s'arrête, interloqué, pointe du doigt Emmanuel Macron et demande : « Papa ? » Dans son esprit, seul son papa est supposé se trouver aux côtés de sa maman !

La MÉDO

« On ne doit pas tout craindre
mais on doit tout préparer. »

Cardinal de Richelieu.

Une fois investie, je sais qu'il ne me reste qu'un mois pour faire une campagne éclair. J'applique méthodiquement ce que nous militaires appelons la MÉDO, ou Méthode d'élaboration des décisions opérationnelles : une feuille de route, souvent reprise sous forme de tableau détaillé qui décompose les enjeux de la mission. On commence invariablement par en définir les contours : « de quoi s'agit-il ? », avant de faire un point sur le contexte, la durée et les lieux des opérations.

Pour préciser le « de quoi s'agit-il ? », je définis mon axe majeur : il s'agit de sortir de l'anonymat, de se faire connaître. Pour cela il faut incarner le programme, en montrant que chacune de ses grandes lignes s'inscrit dans mes valeurs et mon expérience : la réussite par le travail, la place de l'école de la République, le régalien, les enjeux de parité, d'égalité des chances, de Défense et l'opportunité, par exemple, que je vois à porter l'augmentation du budget de l'armée à 2 % du P.I.B.

Et pour camper le contexte, je dois d'abord identifier mon adversaire principal, car de lui va dépendre ma stratégie. Il s'agit de mesurer l'avance qu'il a sur moi, de cerner les cartes supplémentaires qu'il a dans son jeu. Contrairement à moi, c'est une figure locale implantée depuis des années. C'est normalement l'élection ingagnable face à l'héritier politique, le remplaçant du député sortant, à la fois maire et conseiller régional. Il est connu de tous et a déjà sillonné la circonscription de long en large. Il bénéficie d'un temps d'avance phénoménal. Je décide donc de ne pas me placer sur son terrain.

La première réunion chez Alain, mon directeur de campagne, me donne l'occasion de faire l'état des troupes en présence.

Qui est avec moi ? Qui sont les militants ? Je dois identifier les compétences des uns et des autres, distribuer des rôles comme on le fait avec les soldats d'un bataillon. Qui va gérer la fabrication des affiches ? Les tracts ? Qui va s'occuper des déclarations en préfecture ? De la communication ? Des photos ?

J'identifie une garde rapprochée. Élisabeth, jusque-là secrétaire en auto-école, prend en charge tous les écrits et m'aide à organiser mes prises de parole. Greg, le Saumurois de naissance, élu local au niveau municipal et à l'Agglomération Saumur Val de Loire, m'apporte une aide précieuse auprès des collectivités. Natacha, mon amie de longue date, se voit confier la lourde responsabilité d'être mandataire financier, toute erreur de sa part pourrait invalider la campagne, c'est la mission de confiance par excellence. Emmanuelle, mon amie professeure des écoles, en profite pour découvrir avec fascination la vie politique. Avelina, médecin militaire, urgentiste, spécialiste des questions nucléaires, radiologiques, bactériologiques, chimiques (NRBC), ma définition de la Wonderwoman, ne se contente pas d'être triathlète, cavalière émérite, il faut en plus de tout cela qu'elle soit très jolie et qu'elle chante un opéra, entre deux coupes de crémant de Loire. Fascinante. Elle me conseille et me sensibilise à tous les enjeux de santé. Fabienne, ingénieure agronome pour une entreprise hollandaise, me seconde sur les enjeux européens. Didier, à la tête d'un réseau d'agences d'aide à la personne et Nicolas, ancien steward chez Air France et poète les rejoignent. Je remercie ceux qui ont participé à cette aventure et que je ne peux tous citer. Je peux cependant ajouter Frédéric, photoreporter indépendant, qui me propose de couvrir ma campagne sous forme de documentaire en immersion.

S'agissant des lieux de l'opération, j'ai appris en tactique qu'il faut absolument délimiter son terrain et y cantonner la bataille. Je privilégie donc les enjeux nationaux et internationaux, car je sais que je dispose sur ces thèmes d'une longueur d'avance. C'est là qu'il ne faut pas sous-estimer les électeurs, ils sont très au fait de ces questions. Ils voient d'eux-mêmes les implications locales des grands enjeux nationaux et internationaux, savent qu'ils font partie du monde. La région de Saumur est très touristique, donc au moment du vote du Brexit, ils mesurent très concrètement dans l'économie locale la baisse du nombre de visiteurs anglais. De même, les vignerons ont bien vu venir l'évolution de nos modes de vie, la diminution de la consommation de vin au profit de la bière chez les jeunes, et ils savent qu'il leur faut conquérir de nouveaux marchés d'exportation de leur production. Les affaires internationales affectent toujours la vie locale.

Pour ne pas baisser les bras face à un tel défi, je garde en tête que les Français sont très « Ve République ». Ils veulent donner les moyens d'agir au président. En tant qu'élue de la majorité, je peux faire valoir que j'aurai l'oreille de Paris. Le petit monde de l'entre-soi local me voit à 2 %, parfois ils ajoutent « la pauvre fille ». Personne ne m'identifie comme une menace. C'est l'une de mes forces.

Terrain militaire : défense d'entrer

« Celui qui ne bouge pas
ne voit pas le temps passer. »

Amélie Nothomb,
Métaphysique des tubes.

Je ne sais pas si cela a un lien avec mon passé dans des casernes entourées d'écriteaux « terrain militaire, défense d'entrer », mais je veux que mon mandat se fasse sous le signe de la liberté. Si j'ai pu dans ma carrière militaire ressentir la pesanteur des moments d'enfermement, en m'engageant en politique je me sens pousser des ailes.

Ma première décision, une fois investie pour les législatives comme candidate En Marche, est de refuser de prendre un local de campagne. Je préfère pouvoir manœuvrer. Encore un vieux réflexe de capitaine, qui refuse de se laisser fixer dans une situation et veut rester maître du terrain.

C'est à ce moment-là que l'un de mes militants, notre doyen Bertrand, me souffle l'idée du camping-car. Elle me séduit immédiatement pour plusieurs raisons. Dans le passage en revue des forces, je dois tenir compte des contraintes de l'argent qui est le nerf de la guerre. C'est bien le mien qui est sur la table. J'ai dû liquider mon assurance-vie, tout un symbole, c'est ma tête sur les photos, donc c'est ma décision qui sera retenue. Fermez le ban.

Le camping-car, un vieux modèle qui a déjà beaucoup tourné, est évidemment moins coûteux qu'un local. Et puis ce véhicule, c'est la mobilité et la souplesse dans les déplacements. Nous n'avons que quelques jours pour déposer le dossier en préfecture, et toute la partie administrative est chronophage. Je me concentre sur la rédaction de ma profession de foi, le contrôle des affiches. Je fais peu de réunions publiques, mais me déplace beaucoup sur les marchés. L'occasion pour moi de joindre l'utile à l'agréable, car le frigo ne se remplit pas tout seul. Je n'ai jamais mangé aussi équilibré de toute ma vie qu'à ce moment-là !

Je quadrille le terrain en calculant l'effort au plus juste. Il ne sert à rien de mobiliser dix personnes au même endroit, au même moment. Trois tournent au maximum avec le camping-car dans ce qu'avec beaucoup d'humour les militants ont baptisé le « Laetitia Tour ». Ils adorent être embarqués. Florian, notre benjamin, étudiant en histoire à Angers, est un pilote hors pair. Avec le doyen, ils forment un sacré duo !

La victoire

> *« La victoire appartient à celui qui a la plus grande somme de volontés. »*
>
> Maréchal Foch

Le soir de mon élection, une journaliste de BFM s'approche : « C'est votre premier engagement politique ! » me dit-elle. Je me souviens lui avoir répondu avec cette formule qui montre bien le lien naturel que j'établis entre mes deux fonctions : « Non, la politique, au nom de la chose publique, j'en faisais déjà dans ma précédente carrière. »

Je ne suis pas de nature à me disperser. Cela me vient encore une fois de l'armée. Je me suis approprié les lois de la guerre du maréchal Foch : « Concentration des efforts, économie des moyens, liberté d'action. » Nécessité faisant loi, et comme j'en avais pris l'engagement, je me suis présentée aux épreuves de l'École de guerre, la dernière semaine de ma campagne. Jusqu'à la dernière seconde, avant que ne débute l'épreuve de culture générale, je suis en ligne directe avec mon équipe sur le terrain qui bat campagne. Le dimanche qui suit, je vote à Turquant, mes enfants m'accompagnent. Je me souviens de cette sensation assez étrange au moment où je glisse un bulletin de vote portant mon propre nom. Pour la soirée électorale, BFM TV me suit à Brissac-Loire-Aubance. La fin du dépouillement arrive, il m'annonce largement en tête dans cette commune. Sur la circonscription, je rassemble 38,16 % des voix devant mon opposant Éric Touron (UDI-LR) qui atteint 18,26 % des suffrages. Pour la soirée, j'ai voulu une formule simple. Nous avons opté pour une société de « boules de fort » à Saumur. Je voulais un lieu symbolique de la région, chaque village a le sien. Pour ceux qui ne connaîtraient pas ce jeu, il faut s'imaginer une pétanque, se jouant en charentaises.

Je ne m'attendais pas à un tel score au premier tour. Lors de mon discours, j'invite tout le monde à se rassembler autour des valeurs que j'entends incarner : « Probité, sens du bien commun, esprit d'équipe, loyauté, dévouement et courage. » L'opportunité pour des talents plutôt discrets et éloignés des partis d'être désormais sollicités pour servir les citoyens : issue, paradoxalement pour une militaire, de la société « civile », je suis au-delà des anciens clivages droite-gauche, et n'ai exercé aucun mandat électif auparavant.

Pendant la campagne, j'ai mesuré à quel point je ressemblais à ma terre d'élection. Je suis originaire de Bretagne et on m'a souvent reproché mon côté tête de granit. Mais je crois que dans ce pays du tuffeau, de terre crayeuse et souple, je m'adoucis. J'aime le bon vin, le patrimoine, les écoles de village, vivre au quotidien dans la douceur angevine. C'est une terre attachée à son armée et cela aussi compte évidemment. Je ne cède pas au confort du bon résultat du premier tour et, bien au contraire, il me porte à tout donner dans la dernière ligne droite. Nous nous lançons dans la campagne du second tour intensément, toujours suivis par l'équipe de BFM. Le camping-car continue à tourner. Il y a beaucoup d'administratif, de rédactionnel, la profession de foi du second tour, les derniers collages. Ma fille me fait un jour cette remarque : « En revenant avec le bus, j'ai vu des panneaux d'affichage avec six fois maman. » De nouveau se profile l'échéance du silence républicain le vendredi à minuit. Le soir des résultats, je suis à la mairie de Saumur quand j'apprends que je suis élue à 58,23 % dans cette circonscription du sud Loire, à 36 ans, avec une abstention tout de même forte, qui explique le titre du journal local « Drôle de victoire ». Je suis bien consciente qu'il va falloir redonner du crédit et de l'incarnation à ce rôle de députée. Après une courte interview au Saumur-kiosque, Rodolphe Mirande, maire de Rou-Marson, mon suppléant, nous a conviés dans une salle troglodytique de sa mairie. Son village est la capitale internationale de la fouée, un petit pain rond cuit au feu de bois, une tradition locale. Je suis élue un 18 juin, même le calendrier s'arrange pour faire le lien entre mes deux vies d'engagement. Un mois plus tard, je monte pour la première fois à la tribune de l'Assemblée nationale, en tant que membre de la commission des Affaires étrangères dans le cadre des débats sur l'adoption d'une convention internationale pour la répression des actes illicites en matière de navigation maritime. Un baptême de feu impressionnant mais qui, une fois encore, rejoint des combats que j'ai déjà menés, comme ici la lutte contre le terrorisme. Le terrain a changé, mais les urgences demeurent.

De même que j'avais décidé de ne pas avoir de local de campagne, je refuse, une fois élue députée, de tenir une permanence. Cette absence d'adresse fixe n'est pas sans conséquences et petits tracas administratifs. J'ai mis un an, par exemple, à assurer mes collaborateurs, car la responsabilité civile du député est normalement rattachée à l'assurance de son local et non aux personnes qui l'assistent dans son mandat. Malgré ces difficultés, j'ai mis en place une organisation en télétravail. Une préparation au travail à distance qui, nous l'ignorions à l'époque, allait nous aider pendant le confinement. Nous étions prêts.

Élisabeth assure le lien avec les associations et s'occupe de toutes les questions sociales. Elle m'apporte une aide précieuse depuis chez elle en répondant à nombre de questions par mail ou par téléphone. Sans local, je n'ai pas d'horaires d'ouverture, ce qui nous rend très réactifs. En cas d'imprévus, fréquents dans le quotidien d'une députée, mes collaborateurs peuvent se rendre sur place ; comme à l'armée : ne pas se laisser fixer. J'ai choisi de faire tourner chaque semaine ma permanence dans l'une des mairies de ma circonscription. C'est une variante de ce que permettait le camping-car : aller au-devant des Français. J'arrive le matin avec un membre de mon équipe. Dans certaines communes, la secrétaire ou un élu ouvre la mairie pour l'occasion quand elle ne l'est d'ordinaire que quelques jours par semaine. Je publie dans le journal local un avis pour informer les habitants qui prennent rendez-vous pour me rencontrer. Mes interlocuteurs sont très variés : le responsable régional d'une association d'anciens combattants qui me demande appui pour la recherche d'une salle ; les employés du musée de la vigne qui faute de subventions ne peuvent remettre aux normes leurs locaux ; des syndicats ou collectifs qui souhaitent m'apporter leur éclairage sur un sujet précis ; des situations sociales difficiles ; des jeunes porteurs de projets... Les problématiques sont illimitées.

J'en profite souvent pour déjeuner avec le maire pour aborder les problèmes qu'il peut rencontrer au quotidien. Tous me réservent un accueil républicain.

Pour passer du temps sur le terrain, j'ai optimisé mes déplacements. J'ai précisé que je limiterai mes aller-retours à Angers, la préfecture, où tout est centralisé. Quand un syndicat ou une association demande à me rencontrer, je lui réponds de venir me retrouver dans la circonscription plutôt que de m'enfermer dans un local angevin. Cela a été assez compliqué à imposer, mais même mon ancien adversaire, lors d'un forum des associations, s'est approché de moi pour me dire que j'avais eu raison. Ce que m'avait également dit une responsable de la Confédération des PME en ajoutant que les réalités étaient vraiment très différentes sur le terrain entre des villes comme Angers, Cholet, Saumur et que cela ne pouvait se mesurer dans une salle devant un PowerPoint. Cette organisation répond aussi opportunément à mon besoin d'ancrer les sensations. Je suis quelqu'un de terrain. André Gide le formule sur un mode poétique : « Je me moque de savoir que les sables des plages sont doux, je veux que mes pieds nus le sentent. » Sur le terrain, plus prosaïquement, lorsque je rencontre le syndicat du bâtiment à la Girouetterie du Coudray-Macouard, je m'imprègne des problématiques locales et je peux plus facilement les porter jusqu'à Paris.

L'aguerrissement

« Une fois pris dans l'événement,
les hommes ne s'effraient plus.
Seul l'inconnu épouvante les hommes. »

Antoine de Saint-Exupéry,
Terre des hommes.

Entrer à Saint-Cyr était une vocation. Je voulais vivre l'expérience du stage de survie au Centre d'entraînement en forêt équatoriale en Guyane (le CEFE), sauter depuis un hélicoptère. En mars 2005, je déchanterai un peu une fois sur place. J'ai l'image de mes rangers retournées sur un pic pour éviter que les scorpions ne s'y logent, avec comme bruit de fond, les hurlements des légionnaires... Un officier doit être prêt à vivre des situations extrêmes dans tous les milieux pour pouvoir connaître ses limites et les dépasser. Nous appelons cela l'aguerrissement. Les mots ont leur importance. Outre les cours théoriques, cette préparation physique, cette mise en condition qui mobilise aussi ce que communément nous appelons « le mental » s'avère utile quand on s'engage en politique. Cela permet au chef d'entraîner ses subordonnés et de lancer « En avant ! » en prenant la tête de ses troupes.

Lors du stage de survie, j'étais déléguée à l'eau potable que j'allais chercher dans des gourdes et que je traitais grâce à des pastilles. J'étais aussi préposée aux cœurs de palmier que je débitais au couteau. Je n'en ai plus jamais mangé depuis. Mais il y avait des petits moments de plaisir grapillés, comme lorsqu'un camarade, Vincent, avait réussi à braver la fouille en glissant une barre chocolatée dans un coin de son paquetage, et l'avait partagée en petits bouts. Méfie-toi de ce que tu veux, tu risques de l'obtenir ! J'avais eu le brevet du CEFE et n'étais pas peu fière de cette médaille accrochée à mon treillis. Lorsqu'en juin 2017, députée, je prends mes fonctions comme whip aux Affaires étrangères, je renoue avec ces réflexes de l'aguerrissement. Je suis à la tête d'un groupe d'une quarantaine de collègues, j'ai des missions à répartir. J'essaie de coller au mieux aux compétences de chacun.

Ces stages commando nous apprennent à nous adapter en toutes circonstances, à enchaîner les missions, et à toujours positiver pour tenir. En 2004, je fais mon stage de combat en montagne au Centre d'instruction et d'entraînement au combat en montagne (CIECM). Nous y allons la mort dans l'âme : la promotion précédente a perdu deux hommes un mois plus tôt. Le commandant de bataillon nous a sensibilisés à la mort, inscrite dans notre métier. Même si nous risquons nos vies, il n'y a rien de plus terrible que de perdre des soldats à l'entraînement. Malgré cette fierté à revêtir la tenue des chasseurs alpins, qui a du sens pour les militaires, c'est donc l'esprit lourd que nous partons à Barcelonnette. Au cours de ces stages, les journées sont très denses. Nous nous confrontons en permanence à l'inconnu, nous apprenons à construire un igloo, très différent de celui des Inuits. Pour monter le nôtre, nous creusons d'abord une tranchée, puis des niches souterraines à deux mètres de profondeur, afin que la température reste constante à zéro degré. L'exercice est hyper physique, car après avoir creusé des seaux et des seaux de neige, il faut l'évacuer. La sensation d'être saisie par le froid ne nous quitte pas de la journée. Alterner ski peau de phoque, ski alpin, raquettes, randonnées, escalade, tir dans la neige, contribue à développer ma ténacité ; une qualité qui m'a servi à ne pas lâcher, à tenir dans ma campagne politique et dans mes fonctions de députée. C'est grâce à cette ténacité que je me suis battue avec les élus locaux pour faire inscrire le Saumurois comme Territoire d'industrie. Initialement, notre dossier n'avait pas été retenu au niveau de la région et du ministère. J'ai ce trait de caractère renforcé par l'armée : je ne lâche jamais. Quand je ne peux pas entrer par la porte, j'entre par la fenêtre. Ensemble, nous nous sommes donc battus jusque devant le bureau de la Secrétaire d'État, pour finalement obtenir gain de cause. Passer des nuits entières dans l'hémicycle ne m'effraye pas. Je vais toujours chercher le positif. Au moment du vote de la loi de programmation militaire, les débats se sont prolongés jusqu'à trois heures du matin et jusqu'à la fin, j'ai défendu chaque amendement sans me préoccuper de l'heure.

Ces stages se terminent rituellement par un saut en parachute à Coëtquidan (Morbihan), dans des conditions parfois difficiles, avec un nombre considérable de malades lorsque le vol est tactique. Pour moi aussi, l'issue fut épique. À l'atterrissage, ma toile s'est écrasée contre un arbre. Je n'ai pas réussi à défaire mon parachute enchevêtré dans les branches. C'était éprouvant, mais c'était le goût de l'aventure que j'étais venue chercher. La beauté de la nature reste inscrite en moi et c'est le souvenir que j'en garde.

Le dernier stage du CNEC en juin 2005 (Centre national d'entraînement commando), entre Mont-Louis (Pyrénées) et Collioure, dure quatre semaines en montagne, avec des parcours aquatiques sous l'eau. En treillis et rangers, nous devions sauter d'un promontoire à flanc de falaise, lestés de notre matériel, avant de nager tout habillés et de se hisser sur des obstacles gonflables au moyen de cordes, à la force des bras. Tout était chronométré, pas vraiment l'ambiance lunettes de piscine et maillot de bain. C'était dur. De ces expériences extrêmes, j'ai gardé ce goût du défi, du dépassement, cette envie de se mesurer en permanence à soi-même. C'est à ce moment-là, en toute fin de scolarité, que je passe mon diplôme de mise en œuvre des explosifs. Encore une ligne improbable sur mon CV ! L'essentiel est de bien calculer la charge nécessaire à ce que l'on a besoin de détruire. Le plus grand moment de solitude au cours des exercices étant celui où une grenade n'ayant pas explosé après avoir été lancée, nous devons sortir du bunker où tout le monde est réfugié pour la détruire au moyen d'explosifs. On joue avec le feu, littéralement…

J'ai conservé de ces expériences un œil de lynx. Pareille à une bête traquée, je sens les pièges. Ce qui peut s'avérer également utile sur le terrain politique. Je me souviens notamment de cette fois, en juin 2017, au moment de l'entre-deux-tours, où mon opposant encore en lice avait voulu m'imposer le jour, l'heure, le terrain et la thématique de l'échange que nous devions avoir, sachant que j'avais 15 points d'avance au premier tour. J'ai refusé de me jeter dans ce piège. Je ne vais jamais vers mon adversaire si je ne peux choisir aucun paramètre. De même si le contexte politique est polémique, je me méfie d'accorder trop vite des interviews.

Après les trois ans de scolarité qui se terminent par la remise d'un diplôme de Master 2, les élèves suivent une année d'application. Je choisis l'arme du matériel à Bourges. Dans ce domaine, nous sommes responsables des approvisionnements en pièces détachées et de l'entretien de tout le matériel de combat, depuis le pistolet automatique jusqu'au char Leclerc. La dimension logistique me plaît ; cette branche est déjà féminisée, technique, avec beaucoup d'opérationnel. J'aime le fait que nous partons souvent en opérations extérieures, je le ferai deux fois au cours de mes trois ans de lieutenant en régiment. J'en ai gardé le goût pour les missions à l'étranger. Début mars 2020, le ministre des Affaires étrangères, Jean-Yves le Drian, me propose de l'accompagner au Niger. Je suis terriblement impatiente, car ce sont ces souvenirs de terrain qui me reviennent. L'actualité en a décidé autrement ; le voyage officiel a été annulé et nous sommes entrés dans cette longue période de confinement… rattrapés par le retour de l'attente.

S'instruire pour vaincre

« Il ne faut jamais perdre une occasion de s'instruire. »

Marcel Pagnol, *La Gloire de mon père.*

Un militaire est toujours en formation pour faire face aux évolutions perpétuelles des enjeux, du matériel, des fonctions qu'il occupe. Dans cet apprentissage, j'ai été particulièrement appliquée. J'ai fait mienne la phrase du général de Gaulle : « La culture générale est l'école du commandement. » J'ai toujours adoré apprendre. Je suis le produit de la méritocratie républicaine. Au milieu de ma scolarité au collège, j'ai changé d'établissement pour rejoindre le grand collège lycée de centre-ville Émile Zola, le seul à proposer une classe européenne d'allemand. Un établissement rendu célèbre par le procès en révision de l'affaire Dreyfus qui s'ouvrit en ses murs le 7 août 1899. Le récit du combat du colonel Picquart, qui envers et contre tous s'était battu pour réhabiliter Alfred Dreyfus, capitaine dégradé, a bercé toute mon adolescence et a nourri en moi le désir de justice.

Je suis arrivée là sans connaître personne, mais ayant l'habitude d'emprunter des chemins de traverse devant un obstacle, je fus sauvée par un talent caché : j'étais à l'époque la reine du moonwalk (célèbre pas de danse de Mickael Jackson), ce qui me permit de m'intégrer avec plus de facilité... Les cours d'histoire étaient en allemand et nous préparions un bac européen. Cette époque confirma ma sensibilité à la dimension européenne. Elle deviendra une conviction politique.

Lorsqu'en fin de lycée, en 1999, je suis reçue en prépa HEC au Prytanée national militaire de La Flèche, mon quotidien change radicalement. D'externe, je deviens pensionnaire avec examens tous les samedis matin, ce qui change le déroulé des week-ends. J'ai quitté la maison familiale pour une petite chambre à partager à l'internat, troqué les jeans et les Doc Martens pour un uniforme bleu marine avec tenue de sortie tailleur-cravate, et je me suis mise au régime intensif de six heures de sport hebdomadaires. J'ai suivi la même scolarité que dans les écoles civiles à cette seule différence près. Le fait que nous soyons tous internes, nourris, logés, blanchis gratuitement confère un vrai rôle social à ces structures et a influencé mon orientation.

À Saint-Cyr, les scientifiques obtiennent un diplôme d'ingénieur. Ayant choisi l'option économique, mon Master 2 de « management des hommes et organisation » saura m'être bien utile tant dans le commandement militaire au sein de la brigade franco-allemande que dans mon rôle de whip au sein de la commission des Affaires étrangères. Pour pousser plus loin ma compréhension des facteurs humains, j'obtiens parallèlement une licence de sociologie à l'Université de Rennes.

Dans la scolarité de ces écoles militaires où l'entraînement physique compte beaucoup, l'aguerrissement développe les connaissances pratico-pratiques (diplôme de mise en œuvre des explosifs, apprentissage de points techniques comme les nœuds marins...) et les enseignements théoriques nous apportent un socle de culture générale solide. La philosophie, le droit des conflits armés, mais également les langues, sont valorisées puisqu'elles comptent beaucoup dans la note finale qui détermine le choix de la spécialité. Avant de commander une compagnie, nous participons au cours de formation des commandants d'unités qui dure quatre mois, avec remise à jour des enjeux de l'armée de Terre et des autres forces armées.

Toute ma vie militaire, j'ai passé des diplômes. De quoi saborder le cliché du « militaire pomme de terre »... À ceux qui pensent encore que l'armée ne compte que des bas-de-plafonds, je leur signale qu'on n'a jamais gagné une guerre dans l'ignorance. Après avoir commandé une compagnie, nous préparons celui d'état-major à Saumur au cours duquel nous questionnons les ressorts des processus décisionnels qu'ils soient militaires ou politiques. La préparation à l'école de guerre m'impose des lectures, les grands classiques militaires. Ces nourritures intellectuelles ont été précieuses dans mon quotidien de députée pour comprendre les enjeux économiques et géopolitiques.

Dès mon élection, j'ai été vigilante à me réserver un temps inaliénable pour penser, analyser. Ce n'est pas toujours facile avec mes activités locales, nationales et internationales, les missions de représentation, les séances dans l'hémicycle. Concrètement, cela signifie que je demande à mon équipe de ne pas charger mon agenda avec des rendez-vous les uns à la suite des autres, mais de me ménager des demi-journées pour faire des états des lieux, tirer des bilans. La période de confinement m'a aussi dégagé du temps de réflexion, sur des sujets aussi variés que la fin de vie, les problèmes de racisme et de représentation des personnes de couleur dans nos sociétés occidentales. J'ai lu en français ou en anglais, pour me forger mon propre avis, pour ne pas céder à la bien-pensance, conserver ma liberté de penser par la culture. Cela enrichit ma réflexion, fortifie mes positions politiques. Je suis toujours vigilante à ce que mon vote soit cohérent avec mes idées. Si ce n'est pas le cas, je m'autorise à m'abstenir, comme pour la loi de bioéthique. Je me méfie de ce décalage entre la progression des techniques et la complexité de l'âme humaine, ce qu'explique très bien une auteure comme Thérèse Delpech dans son ouvrage *L'Ensauvagement*. Cette formation intellectuelle est fondamentale pour soutenir toutes les matrices de prise de décision qu'elles soient militaires ou politiques.

Le fonds de sac

« L'habit d'un homme proclame ce qu'il fait,
sa démarche révèle ce qu'il est. »

Ecclésiastique, 19:30.

Une gourde, un duvet, une ration de combat, une pelle US, un réchaud forment le fonds de sac d'un soldat qui part sur le terrain. De manière analogue, on pourrait parler du fonds de sac du « savoir-être ». Le salut est, en premier lieu, la marque du sentiment d'appartenance à une fraternité d'armes. Il est inacceptable de ne pas rendre le salut. Il est le b.a.-ba du savoir-vivre militaire. Un savoir-vivre inégalement partagé au quotidien et qui mériterait d'être davantage insufflé.

Je me souviens de cet homme se précipitant à la cafétéria de l'Assemblée pour commander son café en me barrant la route, une chose impensable dans l'armée.

Parmi tous les clichés attachés à l'image militaire, il en est un absolument authentique : le respect de la ponctualité. Une formule que nous utilisons entre nous le résume assez bien : « être à l'heure, c'est déjà être en retard. » Chaque grade, du plus bas au plus élevé, prévoit toujours quinze minutes de marge dans ses rendez-vous. Nous avons inventé une expression : « le quart d'heure du caporal ». Nous n'y dérogeons jamais. Toute ma vie de militaire a été structurée autour du rassemblement du matin à 7 h 30 tapantes, dans la bonne tenue. Heureux changement de ma vie de députée, je peux chaque matin, lorsque je suis en circonscription, déposer mes enfants à l'école. C'est un plaisir simple que je savoure. Appliqué à la vie politique, le fameux quart d'heure permet de ménager des échanges préliminaires, ces quelques minutes sont souvent mises à profit pour préparer l'entrée dans une discussion. Je respecte aussi toujours ces dix minutes d'avance avant de monter au perchoir, c'est une vraie déformation professionnelle. Je trouve qu'il y a un petit côté snob à être en retard, avec cette idée implicite et désagréable que son propre temps est plus précieux que celui de ses interlocuteurs. Je casse un peu les codes sur ce point. Je suis attachée à la politesse, au maintien, à la tenue, des valeurs qui, quoi qu'on en dise, ne relèvent pas d'une couleur politique mais du « vivre-ensemble ». Lorsque je suis au perchoir, ne faisant jamais deux choses à la fois, je m'interdis de regarder mon téléphone portable. Je le range dans mon sac en « mode avion ». C'est pour moi un souci de politesse et cela peut se révéler essentiel lors d'un échange un peu musclé, je suis ainsi entièrement concentrée sur l'instant présent.

Un autre précepte militaire régit ma relation à mes collaborateurs : toujours considérer avec humanité chacun selon ses fonctions comme faisant partie de l'ensemble du dispositif à parts égales. On dit que les officiers sont la tête, mais les sous-officiers, la colonne vertébrale. C'est transposable au monde politique. Un député a besoin des connaissances diverses de ses collaborateurs.

Le capitaine et la députée

« Si on me presse de dire pourquoi je l'aimais,
je sens que cela ne se peut exprimer
qu'en répondant : parce que c'était lui,
parce que c'était moi. »

Michel de Montaigne,
Essais, « De l'amitié ».

C'était l'une des découvertes de mon mandat : il n'existe aucun statut de conjoint de députée. Alexandre, mon mari, est officier de cavalerie. Il fait preuve d'énormément de souplesse, mais il ne s'est jamais remis de ce qu'entre nous, nous en rions encore, nous avons surnommé « La jurisprudence de l'escargot ».

En août 2017, j'entraîne toute ma famille pour l'inauguration de la fête à l'escargot. La météo est fidèle à l'image du gastéropode pointant ses antennes sous les gouttes de pluie, et le temps s'étire tellement entre les échanges avec les élus et la cérémonie du ruban, que les miens se sont réfugiés dans la voiture. Les manèges installés pour l'événement sont fermés, ils n'ouvriront que pour le public. Luc et Aurore n'en peuvent plus, mon mari s'impatiente et la journée s'achève sur un « plus jamais ça ! »

Bien que très sociable, Alexandre ne se sent pas à sa place aux côtés des épouses. Cela me rappelle une soirée cocasse où le commandant de la région

Terre Nord-Est avait invité les officiers saint-cyriens en temps de commandement. J'étais la seule femme à avoir répondu présente et la soirée était organisée en tenue civile. Toutes les autorités militaires s'arrêtaient pour saluer mon mari, qui s'était mis en retrait par rapport à moi pour que les choses soient claires. Il n'y avait rien à faire :

« Alors mon capitaine, vous commandez quelle compagnie ? » l'avait-on interrogé dès son arrivée.

« Ce n'est pas moi qui en commande une, c'est mon épouse », avait-il rétorqué.

« Mais donc, vous commandez quelle compagnie ? » avait insisté son interlocuteur.

Aucune ambition n'exige qu'on sacrifie sa famille. Cette expérience pluvieuse de l'escargot demeura un enseignement : pas question pour moi, députée au XXIe siècle, de me comporter comme un homme politique du XIXe. Mes collaborateurs le savent, si des cérémonies ou des animations ont lieu le week-end, cela doit être « enfants compatible ». M'élire c'est avoir choisi une femme, active, engagée, mère de famille. Les pompiers sont désormais habitués, pour les fêtes de la Sainte-Barbe : je réponds présente sous réserve que mes enfants puissent s'occuper dans la caserne le temps des discours. Généralement, plusieurs soldats du feu se portent volontaires pour remplir cette mission.

Frère et sœur d'armes, unis dans la vie, nous sommes, Alexandre et moi, dorénavant liés depuis les dernières élections municipales par l'engagement politique.

Alexandre a décidé de se présenter à Turquant. Le maire sortant ayant décidé de ne pas se représenter, c'est son adjoint qui s'est déclaré. Le résultat du premier tour est sans surprise, dans ce scrutin à liste unique, mais une petite appréhension demeure en raison de ce que l'on appelle le panachage : dans les communes de moins de 1 000 habitants, les électeurs peuvent rayer des noms, ce qui n'est jamais très agréable pour celui qui voit le sien raturé. Le nombre de voix est ensuite calculé par candidat. Mon conjoint passe brillamment ce scrutin.

Alexandre s'est engagé à 17 ans chez les parachutistes (diagonale Alsace Sud-Ouest) ; il n'avait pas 20 ans quand il est parti en opération extérieure en ex-Yougoslavie, à Sarajevo. Il est resté marqué par l'expérience du feu comme tous les militaires pris dans ce conflit. J'ai essuyé quelques remarques au cours de ma carrière militaire sur le fait qu'il n'était pas saint-cyrien. Je repense à cette phrase de Jean Giono : « On nous veut avec les stigmates des grandes écoles, je le veux avec les stigmates de la vie. Savoir s'il est agrégé en soleil, s'il a ses grades en désespoir. » J'ai la chance d'avoir fait une belle rencontre.

Aujourd'hui, capitaine à Saumur, Alexandre a terminé son temps de commandement d'unité élémentaire et s'est spécialisé dans la numérisation de l'espace de bataille, fort de son expertise de dix opérations extérieures.

La reconnaissance de terrain

*« Les guerres se font peut-être avec des armes,
mais elles sont gagnées par des hommes. »*

George Patton.

Toute nouvelle affectation implique une « reco », pour reconnaissance de terrain, comme nous l'appelons dans notre jargon militaire. Certains chefs de corps imaginatifs organisent même parfois des courses d'orientation dans les régiments pour les nouvelles recrues. Il s'agit d'explorer et de prendre connaissance de chaque recoin de la zone. C'est aussi une mission tactique, qui permet de recueillir du renseignement. Je découvre les ors de la République au moment de ma prise de fonction comme députée. Je fais ma « reco ». Le Palais Bourbon et l'Hôtel de Lassay forment une véritable petite ville avec son bureau de poste, son guichet SNCF, une magnifique bibliothèque ancienne avec un fonds d'ouvrages gigantesque, et détail amusant, un petit salon de coiffure. Entre les souterrains, les couloirs, les salons et les méandres architecturaux, il y a de quoi se perdre.

Mes semaines s'organisent entre Paris et Saumur. Je m'installe dans une chambre de la résidence hôtelière des députés, jouxtant l'Assemblée. Je prends mes marques : l'essentiel de mon vestiaire de députée reste à Paris, j'ai une bouilloire pour le thé, un micro-ondes, un lit et une chambre propre et chauffée, tout va bien. Le plus compliqué ce sont les allers-retours en train. Je crois avoir tout expérimenté : les ruptures de caténaires, les pannes, les annulations de correspondances à Angers et même le cerf percuté en pleine voie qui nous a immobilisés des heures.

Peu à peu, je me familiarise avec l'hémicycle. Nous ne choisissons pas notre siège de député, c'est le président de groupe qui l'attribue. Le mien porte le numéro 364. Je suis en plein centre, tout en haut. De là, je découvre les rituels de la vie parlementaire. J'imagine que chaque député considère qu'il a la meilleure place. Pourtant, on raconte que quelques jours avant la distribution, certains se montrent particulièrement aimables avec les présidents de groupe. Les mauvaises langues rapportent que les places au bout des travées sont très recherchées pour pouvoir s'échapper plus vite, de même que celles sur le devant pour capter les caméras de LCP qui enregistrent les débats en direct. Je suis bien en dehors de tout cela. Les questions au gouvernement sont conformes aux retransmissions télévisées, ce n'est pas un hasard si l'émission *Quotidien* de Yann Barthès y consacre un bêtisier régulièrement. Les invités que j'ai pu convier depuis ma prise de mandat sont unanimement surpris par le brouhaha qui entoure nos séances.

Si l'hémicycle s'agite facilement, le vote des lois, au cœur de notre action, se fait dans le plus grand sérieux.

C'est la Conférence des présidents qui établit l'ordre du jour des travaux de l'Assemblée. Elle se tient tous les mardis dans le salon des Jeux de l'hôtel de Lassay. Le président réunit le ministre chargé des Relations avec le parlement, les vice-présidents, les présidents de commissions et de groupes politiques et le rapporteur de la commission des finances.

Dans notre mission, le vote des lois est précédé du travail en commissions. C'est une partition de chef d'orchestre. Les textes y sont débattus avant le vote en hémicycle. Légiférer est la partie la plus visible de nos actions. Par ailleurs, nous sommes tous investis dans des organismes judiciaires, extra-parlementaires ou internationaux et, à ce titre, nous sommes invités par ceux que nous appelons communément « les lobbys ». Je me compare souvent au voyageur sans bagage de Jean Anouilh. Entrée en politique sans passé, je n'ai, de fait, pas d'ascenseur à renvoyer, je suis libre dans mes décisions, je ne suis l'obligée de personne. Ma campagne a été financée sur fonds propre en puisant dans mon assurance-vie. On peut me convaincre, mais il faut avant tout que je m'y reconnaisse sur le fond.

J'ai ainsi assisté à un dîner en grande pompe au musée Rodin donné par l'opérateur Huawei. Il y avait là les meilleurs traiteurs asiatiques, je n'en revenais pas de tous ces moyens déployés pour du marketing. Une manière festive de camoufler à travers cette « soirée signature » la dépendance de la France, voire de l'Europe, en matière de sécurité et de défense via les nouvelles technologies. J'ai été confortée dans la nécessité de notre autonomie stratégique européenne. La crise sanitaire m'a hélas donné raison.

J'ai découvert, une fois élue, le site NosDéputés.fr, porté par l'association Regards Citoyens qui recense et quantifie le travail de chacun d'entre nous. Tout est consigné en statistiques, parfois de façon un peu excessive : les prises de parole courtes, longues, en hémicycle, en commission, le nombre d'amendements déposés, le nombre de semaines de présence, les noms des collaborateurs pour éviter le conflit d'intérêts. Ces données très mathématiques dénaturent la réflexion politique qui est à l'œuvre. La vitalité démocratique d'un pays ne se mesure pas si aisément et le temps passé à réfléchir n'est pas quantifiable.

J'apprends également à me familiariser avec l'utilisation des réseaux sociaux. Mes supérieurs de l'armée nous ont enseigné la méfiance. Avant une opération extérieure, l'officier communication du régiment fait toujours un rappel sur la dangerosité de leur utilisation. De nombreux exemples étayent ses propos : des opérations de feu interceptées par l'ennemi à cause de posts aussi innocents que « Ce soir, je pars en patrouille », ou des familles de militaires harcelées après que l'ennemi a identifié leur conjoint militaire sur leur sol. Aujourd'hui, je reste toujours très prudente dans le maniement de ces outils, au risque, je le sais, de me priver d'une visibilité. Je tiens cette prudence d'une maxime militaire : « Jamais devant, toujours vivant. »

La diplomatie de la fourchette

« De toutes les passions,
la seule vraiment respectable
me paraît être la gourmandise. »

Guy de Maupassant,
Amoureux et primeurs.

Il n'est pas de diplomatie française qui ne se tisse à un moment autour d'une bonne table. À l'armée, j'avais eu quelques expériences culinaires douteuses. Au centre national d'entraînement commando (CNEC), j'ai vécu la pire : avaler une sardine crue. Il s'agissait de parfaire l'aguerrissement, en nous inculquant la règle des 5C : « C'est Con mais C'est Comme Ça ». Vingt ans après je m'en souviens encore. Il y a aussi ces moments épiques en opérations extérieures, où le commissariat en charge des approvisionnements se trompe dans ses commandes de conserves et se retrouve avec des carottes conditionnées par boîtes de dix. À nous la joie d'en manger ensuite pendant toute la mission ! Pour le reste, nos rations en France sont plutôt bien cotées par rapport à nos collègues des autres pays.

Le temps des repas est un temps de travail masqué. C'était déjà vrai dans l'armée. Lorsque je commandais ma compagnie en Allemagne, j'organisais des déjeuners avec mes cadres ou avec les soldats, par unité. Cela l'est d'autant plus comme élue.

Lorsque nous évoquons les dossiers locaux de circonscription, le travail avec les maires se prolonge souvent dans le dernier restaurant du village. C'est valable localement, mais évidemment à Paris dans les ministères et les ambassades.

J'essaie, autant que possible, de mettre en avant nos produits locaux auprès des services du protocole, en leur glissant quelques bouteilles de nos vins ligériens. C'est le langage de la table, la diplomatie de la fourchette.

L'humilité

« On ne fait pas de politique
avec de la morale,
mais on n'en fait pas davantage sans. »

André Malraux, *L'Espoir.*

À l'armée, accepter d'être un maillon de la chaîne fait partie de la formation. Tout est fait pour nous le rappeler, et cela commence par le port de l'uniforme. Cette prise de conscience que nous nous inscrivons dans un dispositif plus vaste forge l'humilité. Tout est organisé ainsi : chaque soldat s'intègre dans une section qui s'insère dans une compagnie, un régiment, une brigade, et enfin au sein de l'armée de Terre. L'humilité et l'obéissance ne vont pas sans la confiance, cette force plus vaste que soi. Cette dernière s'entretient jour après jour et doit s'imposer naturellement. C'est la confiance qui distingue l'humilité de la soumission.

C'est peut-être pour cela que j'ai assez mal vécu la période du recrutement d'un collaborateur parisien au moment de mon élection à la vice-présidence.

J'aurais pu écrire un bêtisier alimenté par les formules maladroites des candidats au poste. Cela allait de ceux qui commençaient par un amical « Chère Laetitia », à ceux qui posaient sur leur photo comme pour signifier qu'ils voulaient tenir le micro. Sans parler des autres, qui demandaient d'emblée si le salaire était celui d'un mi-temps alors qu'il correspondait à celui que je touchais comme capitaine à la tête de deux cents hommes. Le pompon revenait à celui que j'ai surnommé le « collaborateur senior », qui s'est présenté pour un poste de « conseiller spécial », terme apparemment beaucoup plus noble qu'« assistant parlementaire ».

J'avais aussi passé une annonce à Sciences Po, supposant que ce poste pouvait intéresser un étudiant préparant les concours, mais lorsque j'ai précisé que je recevais les candidats à Saumur, plus personne n'était intéressé. Je me sentais comme ce personnage du film de Patrice Leconte *Ridicule*, qui monte à Paris depuis sa campagne et découvre l'accueil hautain de la Cour. Je pensais aussi à un livre que j'avais lu, *L'Art de la niaque*, d'Angela Duckworth qui montre, après avoir travaillé pour la Maison-Blanche, la Banque mondiale et conseillé les équipes de la NBA, à quel point passion et obstination concourent à la réussite.

Dans mon étrange galerie de candidats, je n'ai jamais privilégié celui qui a le plus beau CV, mais toujours celui qui fait preuve du plus d'envie. Rarement, j'ai trouvé pour ce recrutement parisien ce supplément de motivation. Je continue à me demander combien d'assistants et de collaborateurs, dans les cabinets, veulent servir la démocratie, car ce que j'observais, c'est surtout à quel point ils étaient, bien davantage que les élus, attirés par les hautes sphères, le pouvoir, par ce qui brille. Rivés sur leur propre calendrier, ils souffraient de ce syndrome de vouloir préparer la suite avant même d'avoir commencé. Je me plais à croire que mon expérience n'est pas représentative et que j'ai joué de malchance.

En politique, on apprend à accepter que nos actions s'inscrivent dans le temps long. Une fois encore, l'armée est une bonne école. Chaque mission porte un numéro. En 2008, j'ai participé au Liban à l'opération Daman 5, et peut-être aujourd'hui en est-on à Daman 37. C'est explicite dans notre feuille de route : la France depuis 1978 participe à la force internationale de la Finul (Force intérimaire des Nations unies au Liban) et cet engagement s'inscrit dans la durée. Sur place, on relève des soldats pour qu'ensuite d'autres nous relèvent. S'intégrer à un collectif s'apprend. Cela contribue à forger le caractère. J'ai appliqué la même ligne de conduite lorsque je suis devenue commissaire aux Affaires étrangères. C'est le domaine par excellence du chef de l'État. Nous nous interrogeons sur la manière de faire rayonner la diplomatie parlementaire. Il faut accepter, plus encore au sein de cette commission, que le fruit de notre action ne sera peut-être seulement visible que dans cinq, dix ou quinze ans. Ces notions de rayonnement, de promotion des valeurs de la France ne sont peut-être pas quantifiables, mais elles sont déterminantes dans la durée. Je crois en la force des actions cumulées de tous les députés pour porter la parité, la COP 21, la francophonie. Au plan national également, il faut s'armer de patience, ne pas céder au court-termisme.

Notre politique commençait à porter ses fruits : pour l'emploi, la formation, l'insertion, la réindustrialisation… Mais la crise de la covid est venue nous couper dans notre élan. Ce n'est pas le moment de baisser les bras. Le plan de relance présenté par le Premier ministre Jean Castex, le 3 septembre 2020, a été pensé en ce sens, avec le déblocage de 100 milliards d'euros pour soutenir l'économie française frappée par la crise. Il faut se remonter les manches, être présent sur le terrain, aller au-devant des acteurs pour les rassurer et les inviter à réimpulser l'offre tout en gardant un œil sur les indicateurs de suivi des dépenses.

Être un chef

« Toute classe dirigeante
qui ne peut maintenir sa cohésion
qu'à la condition de ne pas agir,
qui ne peut durer qu'à la condition
de ne pas changer, qui n'est capable
ni de s'adapter au cours des événements
ni d'employer la force fraîche
des générations montantes,
est condamnée à disparaître de l'Histoire. »

Léon Blum,
À l'échelle humaine.

En juin 2017, Richard Ferrand me propose de devenir whip. Cette fonction consiste à manager les quarante collègues LREM de la commission des Affaires étrangères en faisant en sorte que tout le monde se sente bien. Je sais que cette mission implique d'absorber le stress et de diffuser aux collègues une certaine sérénité : c'est l'un des attributs du chef, nous répète-t-on à l'armée. Si dans le système parlementaire anglais, le whip (fouet en anglais) avait au départ un rôle coercitif, contrôlant l'assiduité de ses collègues et le respect des consignes de vote, il a glissé vers celui de coordinateur de l'action de la majorité. C'est un rôle politique de l'ombre.

Je me revois d'emblée lieutenant chef de section. Je repense à mes classiques et en particulier à *Études sur le combat,* de Charles Ardant du Picq, qui définit bien la nécessité d'insuffler un esprit de corps à un groupe. « Quatre braves qui ne se connaissent pas n'iront point franchement à l'attaque d'un lion. Quatre moins braves, mais se connaissant bien, sûrs de leur solidarité et par suite de leur appui mutuel, iront résolument. Toute la science des organisations d'armées est là. (...) Ce qui constitue surtout le soldat, le combattant capable d'obéissance et de direction dans l'action, c'est le sentiment de la discipline, son respect des chefs, sa confiance en eux, sa confiance dans les camarades, sa crainte qu'ils lui puissent reprocher, faire expier de les avoir abandonnés dans le danger, son émulation d'aller où vont les autres, sans plus trembler qu'un autre, son esprit de corps en un mot. »

Autour de cette idée de chef, il y a toujours eu ce fantasme qu'il suffirait d'être un charismatique à grosse voix, qu'il y aurait une dimension innée pour habiter la fonction. Je ne doute pas un instant que cela doit aider ! J'ai parfois regardé avec envie mes camarades officiers, brillants athlètes de plus de 1,80 m. Mais j'ai cette habitude de naissance : « Quand tu n'as pas les bonnes cartes dans ton jeu, change de jeu ! »

Ainsi, j'ai toujours mis l'humain au cœur et je m'emploie à être méthodique : à ce titre, je m'attache à la définition d'une mission pour que tout le monde progresse et que le collectif se forme. Je m'inspire de cette formule du bon sens militaire : toujours considérer ses subordonnés comme on voudrait être soi-même considéré par ses chefs, même si à l'Assemblée nationale, il n'y a aucun lien hiérarchique. Pour le président de l'institution, nous utilisons la formule *primus inter pares*.

Lors de mon entrée au CP, ma maîtresse avait demandé à ma mère un trait de caractère qui me définissait et cette dernière avait répondu : « Laetitia est très sensible à l'injustice. » Cela me paraissait un fil rouge suffisant pour être à la hauteur de cette mission de chef.

Je retrouve dans ce découpage des commissions et de leurs whips la même structure que celle que j'ai connue à l'armée : un président de groupe, huit whips qui évoquent pour moi huit chefs de section. L'article publié alors par le magazine *L'Opinion* sous le titre « Ces députés de l'ombre au rôle stratégique » est l'un des premiers à aborder le fond de nos missions respectives. Ce groupe des huit est comme la pouponnière des futurs gouvernements.

Je mesure de plus en plus à quel point la hiérarchie politique est calquée sur la hiérarchie militaire. Cela remonte aux débuts de la Ve République, lorsque le général de Gaulle met en place la pyramide institutionnelle et organise le sommet de l'État sur le modèle d'un état-major. Le président est un général, le chef de cet état-major est le Premier ministre, lequel dirige différents bureaux. À l'armée, les services sont aussi divisés en bureaux comme le gouvernement s'organise en ministères : B1 Ressources humaines ; B2 Renseignement ; B3 Opérations ; B4 Logistique... et le bureau Planification qui manquait aux gouvernements !

Après avoir organisé les votes des vice-présidents de commissions et des secrétaires, je décide de recevoir chacun de mes collègues, afin de créer ce fameux esprit de corps. À l'armée, j'avais pris l'habitude de rencontrer chaque soldat en entretien individuel. Certes cela me prenait énormément de temps, mais ces trente minutes accordées à chacun au départ n'ont pas de prix, car elles sont un préalable à l'instauration de ce lien de confiance, essentiel pour gagner une bataille.

C'est le maréchal Lyautey dans son ouvrage *Le Rôle social de l'officier* qui insiste le premier sur l'importance pour le chef de connaître la composition sociale de son équipe : « Le chef ne doit plus se contenter de connaître les noms et les aptitudes militaires de ses hommes, mais aussi leurs origines professionnelles et plus encore, et ce qui est le plus difficile, leur caractère, leur individualité morale, leur milieu social (...). » Il y avait bien une finalité à tout cela : « En témoignant à ses hommes cette sollicitude, en leur prouvant l'intérêt personnel qu'il leur porte, non par des discours mais par des preuves directes tirées de la connaissance de leur personne et de leurs intérêts, l'officier acquiert forcément leur affection et leur confiance et par là leur loyauté, ferment de l'efficacité de leur action. »

Respectant cette ligne, mon souci est d'être la plus équitable possible dans la répartition des dossiers et la désignation des rapporteurs. Je réalise vite que l'appétence pour les Affaires étrangères est inégalement partagée, mais l'envie de servir prédomine.

Insuffler un esprit de corps à ces quarante collègues, qui me sont inconnus, que tout divise et que tout unit en même temps, ressemble à un vrai défi. Nous venons de toute la France, voire du monde entier puisque la plupart des députés représentant les Français vivant à l'étranger sont dans ma commission. Beaucoup de professions sont représentées : Anne, médecin ; Nicole, agricultrice ; Aina, entrepreneuse en œnotourisme ; Martine, avocate spécialiste des questions agricoles ; Jean-François, qui s'occupe de l'indemnisation de victimes médicales ; Denis, ingénieur formé par l'apprentissage ; Marion, cheffe de projet de collecte digitale. Les parcours sont si riches et variés que je découvre des professions. Nous avons tous les âges, le plus jeune étant Hervé, spécialiste des questions d'aide publique au développement. Et pourtant la même foi en l'action politique nous unit. Nous avons été élus sur un même programme et nous sommes fiers d'appartenir à la majorité, de conduire la politique de la France.

Tous les accords internationaux sont ratifiés dans notre commission avant d'être soumis dans l'hémicycle. C'est une facette méconnue de nos travaux parlementaires. Il y a un grand nombre de textes à examiner. Invariablement, celui qui reçoit un dossier applique la même procédure : il consulte les spécialistes du sujet et conduit des auditions pour être éclairé. Un fonctionnaire de l'Assemblée nationale le seconde pour la rédaction. Il présente ensuite son rapport à tous les membres de la commission puis le soumet au vote, et ce, quelle que soit l'importance du texte. Le travail s'exerce davantage dans l'ombre que dans la lumière.

Au-delà de cet aspect très technique, législatif, je rappelle parfois mes convictions au cours de notre réunion hebdomadaire : il s'agit d'être conscient du fait que nos travaux sont des maillons d'une chaîne diplomatique, inscrite dans un temps long et que chaque domaine revêt des enjeux internationaux, que désormais, le plus petit de nos villages est relié au monde. Nous embrassons toutes ces thématiques, la grandeur de la France aux yeux du monde, la francophonie, la culture… Nous faisons bloc et mettons tout en œuvre pour faire rayonner la diplomatie parlementaire. Nous nous rangeons en ordre de bataille, nous avançons. Comme c'était le cas avec mon ancienne hiérarchie, je fais remonter au président de groupe, Richard Ferrand, les temps forts de nos activités. Pour sceller l'esprit d'équipe, j'organise même une sortie escalade en forêt de Fontainebleau. Mémorable !

Haut les cœurs

« J'ai beaucoup ri.
J'ai ri du monde et des autres et de moi.
Rien n'est très important.
Tout est tragique.
Tout ce que nous aimons mourra.
Et je mourrai moi aussi. »

Jean d'Ormesson,
La vie est belle.

« Un bazar triste est un triste bazar », dit une célèbre boutade de Saint-Cyr et par analogie, un député triste est un triste député. Parfois le métier de militaire vous confronte à la rudesse, à la difficulté de se fondre dans un collectif, à l'instabilité des ancrages géographiques fluctuant au fil des mutations. Le soldat se confronte à la difficulté, porté par le goût du dépassement de soi, de l'effort, de valeurs qui peuvent paraître dépassées et anachroniques. Le député est lui aussi soumis à cette part d'ingratitude, plus encore lorsqu'il est dans l'opposition, souvent il a le sentiment de ne pas être assez écouté. C'est particulièrement vrai lorsque les Français lui opposent une défiance, d'autant plus désagréable à vivre lorsqu'il a foi en son engagement. Parfois, le jugement peut être extrêmement sévère et même virer à la diffamation.

De même que le chef militaire est responsable de ses hommes sur le terrain, nous sommes générateurs d'un élan collectif. Nous portons l'engouement de la mission à accomplir quels que soient les difficultés et les obstacles. Dans ces moments-là me revient cette phrase de l'essayiste André Maurois : « Un peu d'intelligence employée par un cœur passionné ira plus loin qu'un beau génie mis au service d'une âme froide. » Dans les carrières que nous embrassons, l'idéal se confronte toujours à la réalité et c'est là qu'il ne faut jamais laisser faner son enthousiasme. Il faut au contraire savoir être agile et persévérant. Je ne me suis jamais laissée entamée par les revers. J'essaie de relativiser, en profite pour faire mon autocritique et me dis que je n'étais pas assez préparée.

Comme dans une bataille, on avance, on gagne des positions, on se replie. À l'armée, on dit toujours : « Le premier mort de la guerre, c'est le plan. » Rien ne se passe jamais comme prévu.

Fin 2017, les députés votent dans l'hémicycle le projet de loi de finances pour l'année 2018. Je ne suis élue que depuis quelques mois. Le texte comporte un volet sur la politique familiale et les aides perçues par les familles au moment des naissances. Quand j'étais moi-même enceinte, je me suis documentée, j'ai épluché les effets de seuil et de fil en aiguille, cela m'a vraiment passionnée. J'ai rédigé une note sur le concept de « défiscalisation passive », ou comment les ménages contournent le couplage hausse d'impôts/baisse des aides.

Je ne comprends absolument pas le choix fait lors du quinquennat précédent, de tailler dans les barèmes des classes moyennes dites supérieures de la Paje (Prestation d'accueil du jeune enfant). Je vois bien que cela contribue à renforcer le sentiment des Français de ne jamais être dans la bonne case. Ce syndrome infernal du « pas assez pauvres, un peu trop riches ». Or, je réalise que le projet de loi de finances que nous nous apprêtons à voter aggrave encore cette question des barèmes et grève encore davantage notre politique familiale. Après en avoir informé Richard Ferrand, je fais part, lors de la réunion de groupe le mardi à 11 heures, de mon profond désaccord. Ma position est simple : la politique familiale n'est pas une politique de redistribution comme une autre. En salle Victor Hugo, où se tiennent nos réunions hebdomadaires, j'expose à la ministre de la Santé de l'époque, Agnès Buzyn, mes arguments sur cette nouvelle disposition, qui tombe je trouve très mal au moment où le nombre des naissances en France s'éloigne du seuil de renouvellement des générations.

J'ai bien préparé mon intervention. Je me suis nourrie du discours de Renan, « Qu'est-ce qu'une nation », qui me semblait illustrer parfaitement cette frustration de certaines classes moyennes de toujours cotiser sans espérer le moindre retour. La ministre n'y est absolument pas sensible. Sa réponse est courte et tranchante : les mères célibataires sont beaucoup plus touchées aujourd'hui dans notre société par ce déclassement et elles doivent, de ce fait, être davantage aidées.

Je suis convaincue qu'il faut aider celles et ceux qui en ont le plus besoin, mais je fais valoir également ce principe d'éthique de responsabilité que doit respecter un élu, selon lequel pour faire Nation, il convient de ne pas opposer les individus les uns aux autres. Tentative vaine d'avancer cet argument supplémentaire, la ministre refuse d'entendre. Je perds à l'applaudimètre dans cet exercice de démocratie interne au groupe. Je le vis comme un signe d'impréparation, et pourtant !

D'ordinaire, je parviens assez facilement à évaluer les rapports de force. J'attends le bon moment pour m'avancer sur le terrain, après avoir analysé les forces en présence. Sur cette question de politique familiale, je conclus que j'ai peut-être abordé le sujet trop tôt, avançant seule au front, sans prendre le temps au préalable de former une alliance (pérenne) ou même une quelconque coalition (circonstancielle). J'ai été actrice de ma défaite.

Je garde mon enthousiasme car j'impose mon rythme. Je sais dire non et j'arrive à faire entrer l'impossible dans un agenda entre le local, le national, l'international et évidemment ma famille. J'ai appris des anciens, comme le général Clément-Grandcourt : « Le vrai chef civil ou militaire, spirituel ou temporel, sait faire du possible avec de l'impossible. » Je reconvoque au besoin André Maurois : « Le territoire des possibles est une surface élastique. Il dépend de la décision du chef de l'étendre ou de la restreindre. » Dans un registre plus familier, je le dis souvent, j'élargis ma zone de confort. À l'armée, je n'avais jamais campé de ma vie ni fait de sport d'endurance. En politique, je n'avais jamais été élue et j'étais une femme dans un monde d'hommes. Mais pour reprendre l'image d'un jeu de stratégie, si j'ai de l'aisance sur un carré du damier, je travaille à ce que ma zone des possibles s'étende à la totalité du plateau. S'améliorer, progresser, innover, s'adapter sont des notions qui m'animent. C'est même cela pour moi l'enthousiasme tel que le définit Mac Arthur dans son discours « Être jeune ».

Officier de terrain, officier de salon

« J'aimerais mieux être de ceux
dont on se demande pourquoi
ils n'ont point de médaille
que de ceux dont on se demande
pourquoi ils en ont. »

Jean-Jacques Rousseau.

Les officiers qui servent et qui se plaisent un peu trop dans les états-majors parisiens sont très vite catalogués « officiers de salon ». Nous disons qu'ils sont en « portion centrale », occupés à des tâches administratives et intellectuelles. Ils sont à l'armée ce que les apparatchiks sont aux partis politiques. Proches du pouvoir, au coeur du phénomène de cour. Mais un député qui se sent trop bien à Paris est un député qui perd pied. Dans la capitale, tout est normé, protocolaire, il y a une facilité logistique. Cela permet d'être plus près des chefs, plus en vue, de cultiver le réseau. Début 2019, alors que je travaillais comme rapporteuse sur le traité de coopération et de l'intégration franco-allemande d'Aix-la-Chapelle, signé entre la chancelière Angela Merkel et Emmanuel Macron, j'avais rencontré l'ancienne directrice d'Arte, Régine Hatchondo. Je me souviendrai toujours de sa première question, juste après m'avoir saluée : « Et donc, vous habitez Paris ? » m'avait-elle demandé. J'avais marqué un temps d'arrêt et lui avais fait part de ma stupeur, à laquelle elle avait répondu que nombre de mes collègues passaient au contraire la majorité de leur temps dans la capitale. Ma vie étant enracinée dans mon village, j'ai pourtant réussi à ne pas me laisser aspirer par Paris. Par contre, lorsque j'y suis, mon agenda est démoniaque. J'optimise vraiment tout mon temps entre les perchoirs, les commissions, les déjeuners, les groupes d'étude. Je ne suis jamais dans mon bureau. J'ai vraiment le culte de la mission.

Reconnaissance et ingratitude

« Les erreurs ne se regrettent pas,
elles s'assument. »

Simone Veil.

En séance à l'Assemblée nationale, je suis ici au perchoir.

Été 2019, je salue les associations d'anciens combattants lors d'une cérémonie commémorative à Saumur.

Avec Nadia, mon binôme, au Centre national d'entraînement commando, dans les Pyrénées.

En 2017, le premier 14 juillet après l'élection, Alexandre, mon conjoint, a pris le commandement de sa compagnie et salue le rang protocolaire. Je lui réponds en applaudissant.

Le camping-car vintage fait le « Laetitia tour » pendant la campagne de 2017.

Avec les sous-officiers de ma section pendant mon mandat au Liban.

En Côte d'Ivoire,
lors de l'opération Licorne,
avec les enfants d'un village
dans le cadre d'une action
civilo-militaire.

Au Centre d'entraînement de la forêt équatoriale,
sur une piste…

L'amiral de Gaulle à ma droite et Richard Ferrand, Président de l'Assemblée nationale, à ma gauche lors de la pose de la plaque commémorative en hommage à son action pendant la Seconde Guerre mondiale.

C'est le jour de la remise de la mallette de député. Tous les députés LREM du Maine-et-Loire ont décidé de faire le voyage ensemble à Paris : Matthieu Orphelin (portable à la main), Philippe Bolo, Nicole Dubré-Chirat, Stella Dupont et moi-même (à droite).

Dans le port d'Abidjan en opération. Je porte la tarte, la coiffe des chasseurs alpins, par soutien à la brigade d'infanterie de montagne.

Mission civilo-militaire
au Liban.

Avec Jean-Yves Le Drian,
en salle Colbert, pour un état
des lieux de la diplomatie
française devant tous
les députés du groupe LREM.

Lorsque je monte au perchoir, une tradition veut qu'une haie d'honneur
soit formée par la Garde républicaine.

Devant l'Hôtel de Lassay, j'emprunte le circuit d'intégration des députés à l'Assemblée nationale, le premier jour de mon mandat.

Le 1er août 2017, deux mois à peine après mon élection, je reçois ma première invitation à déjeuner du président de la République. Nous sommes en plein été. Des tables fleuries ont été dressées dans les jardins de l'Élysée, le cadre est divin. Pourtant une chose me tourmente depuis le petit matin : comment se présenter au président de la République ? À l'armée, tout ce qui peut être normé l'est, un moyen de se concentrer sur l'efficacité. On raconte que pour se libérer l'esprit, le président Obama avait choisi de n'avoir que deux couleurs de costumes, le gris et le bleu marine, partant du principe que le simple fait de prendre des décisions diminue la capacité à en prendre d'autres. Quand on croise un général, on le salue en lui disant : « Mes respects, mon Général. » Ici, un simple « Mes respects, mon Président », ne m'aurait pas déplu.

Ma connaissance du protocole en matière politique est encore à parfaire, si bien que je réfléchis à la formule appropriée pour me présenter à un président de la République. Finalement, je me lance : « Monsieur le président de la République, Laetitia Saint-Paul, députée de Maine-et-Loire. » Il me sourit, le déjeuner commence.

Je profite du moment malgré le service à la française qui ne me met pas très à l'aise. Brigitte Macron, que je n'avais vue que dans les magazines, vient nous saluer. Le président a réuni l'ensemble du bureau du groupe LREM. La place qui m'a été attribuée me va idéalement. Je suis dans un angle mort. Je ne compte pas prendre la parole et préfère cette position d'observatrice. J'analyse comment les uns et les autres se comportent. Ceux qui veulent se mettre en valeur, ceux qui ne trouvent pas le niveau de langage qui sied à un président de la République et dérivent sur des sujets peu à propos. Une phrase d'Emmanuel Macron me marque particulièrement : « Personne n'est plus ingrat qu'un député de la majorité. » Une confidence entre le sabayon de fraises et le café, qui restera dans mon esprit.

Je me souvins de ce jour où, en Côte d'Ivoire, alors que j'étais à la tête de cinquante hommes et une femme, un soldat était venu me voir et m'avait demandé une faveur : « Lieutenant, j'aimerais être dans le premier avion retour parce que ma femme va bientôt accoucher. » Je m'étais démenée, lui avais obtenu une place dans ce fameux avion et il m'avait alors demandé si son binôme serait du voyage. Je l'avais regardé avec stupéfaction avant de lui répondre d'un ton sec que les places étaient chères. Sans se démonter, il m'avait répondu que, puisque son camarade finalement restait, il préférait ne pas partir. Je sais plus que quiconque l'importance du binôme, mais il faut savoir ne pas demander l'impossible. Inutile de préciser qu'il est finalement bien monté sur ce vol. Et que cette marque d'ingratitude m'a conduite, depuis, à décorréler la personne des idées, des valeurs, du projet et je ne suis ainsi jamais déçue. Cela m'a permis de travailler par-delà les étiquettes, de porter des combats politiques justes avec mon homologue de Saumur Nord (LR), parce que je soutenais la cause par-delà l'appartenance politique. À l'armée, nous avons beaucoup de cours sur la loyauté, le courage, la discipline, l'importance de connaître ses hommes, mais un cours sur l'ingratitude en formation initiale à Saint-Cyr ne serait pas superflu.

La loyauté

« La bravoure ne suffit pas.
La loyauté et l'obéissance passent avant. »

Georges Orwell,
La Ferme des animaux.

À l'armée, nous sommes liés à nos frères d'armes et un jour peut-être, nous parlerons de frères et sœurs d'armes. Chacun est fier d'appartenir à sa section, à sa compagnie, cela définit le sentiment d'appartenance, avec une certaine dimension morale. Les rites comme les chants contribuent à renforcer les liens. Il y a toujours un chant compagnie. Le serment du Jeu de Paume n'était-il pas, comme le rappelle l'historienne Mona Ozouf, une traduction de cette fraternité de rébellion de ces députés bravant l'ordre de dispersion du roi Louis XVI ? En participant aux débats parlementaires en visioconférence durant la covid, je me suis dit que même en dehors de l'hémicycle, nous avions réussi, nous aussi, à nous rassembler. La démocratie a tenu.

S'agissant de l'égalité, il faut étudier la composition d'une compagnie. La mienne au sein de la brigade franco-allemande était d'une grande diversité sociale et géographique. Le rôle d'ascenseur social joue encore parfaitement son rôle dans l'armée. Chaque soldat, quelle que soit son origine, se sent appartenir à un collectif. Si ce n'est pas respecté, c'est sanctionné.

On ne met plus en avant cette notion de loyauté, comme si elle était une valeur du passé. Je la définis comme une fidélité aux engagements pris et à ses idéaux, elle induit le respect des règles et de la probité, se confond souvent avec une forme d'honnêteté intellectuelle et est garante de confiance. Dans le domaine militaire, cela induit naturellement un soutien au chef en difficulté. Si on se reporte à l'exercice du commandement dans l'armée de Terre, on peut y lire : « La loyauté du militaire à ses idéaux est source de ténacité et de bravoure face à l'adversaire. » C'est peut-être ce qu'Emmanuel Macron voulait nous faire comprendre lors de notre premier déjeuner à l'Élysée. Au moment où éclate l'affaire dite du général de Villiers, qui conduira à sa démission le 19 juillet 2017, je me suis sentie prise entre le marteau et l'enclume, dans un difficile conflit de loyauté. À l'origine, un désaccord stratégique opposait le président de la République et chef des armées Emmanuel Macron au général Pierre de Villiers, chef d'état-major des armées, autour de la baisse conjoncturelle du budget, vertement critiquée par ce dernier dans des termes non policés. Immédiatement, les journalistes sollicitent une première réaction à chaud. Toutes les télévisions m'appellent pour que je me rende sur les plateaux. Je suis dans une position très inconfortable entre celui qui, il y a un mois encore, était mon chef, et la loyauté envers le président de la

République. Ce qu'on appelle à l'armée la « LEM », comprenez « Loi d'emmerdement maximum », s'abat sur moi. Je décline quasiment tout et m'emploie à faire du « en même temps » dans les rares interviews que j'accorde. Je me tiens à ce qui pour moi est un axe indéfectible : le régalien. S'il n'y a pas de défense, de sécurité, de justice, alors il n'y a pas non plus de santé, d'école, il n'y a pas d'État. Je l'ai appris dans la douleur lors de mes opérations extérieures. Quand je partais en Côte d'Ivoire, c'est bien parce que l'État était défaillant. Je me souviens de la tristesse que j'avais ressentie à mon arrivée à l'aéroport d'Abidjan. La Côte d'Ivoire était encore quelques années auparavant l'espoir du continent africain. Une carte postale offrait cette nature si foisonnante et préservée avec des Ivoiriens si chaleureux. Ils étaient là, fidèles dans leur accueil, mais la carte postale avait laissé la place à un théâtre d'opérations, les structures étaient tombées. L'État ne pouvait plus payer ses policiers et son armée. On retrouve ce même chaos dans tous les conflits. Les fléaux accompagnent toujours la chute des États. Un jour, je m'étais arrêtée à un carrefour pour interroger l'un de ces policiers locaux qui n'était plus rémunéré depuis des mois et tentait une énième fois de nous racketter. Il m'avait expliqué : « Je me suis endetté pour financer le concours de police et aujourd'hui je ne suis plus payé, donc je suis obligé de m'arranger comme je peux pour survivre. » J'apprenais comment se creuse la déliquescence de ces États, et cela commence par l'impossibilité de payer ceux qui sont chargés de subvenir à la sécurité du pays. La corruption gagne progressivement tous les pans de l'économie, elle touche l'école, la santé, prenant au piège les populations civiles.

De cette expérience, j'avais acquis la conviction que la solidité et la continuité des institutions forment un socle essentiel. Je n'ai jamais compris les tailles dans les budgets militaires au fil des différents gouvernements. Pour moi, c'est une terrible erreur stratégique. Lâcher les soldats, c'est lâcher ceux dont on attendra tout et de qui nous pouvons tout attendre. Pour sortir de mon conflit de loyauté, j'ai encore une fois pris le temps d'analyser le terrain et de ne pas me laisser cornériser. Je m'en suis tenue à cette règle d'airain de l'armée : la hiérarchie est une science exacte. En sa qualité de chef des armées, le président de la République nouvellement élu pose un acte d'autorité, ce qui dans l'armée est un acte fondateur. On ne se dresse jamais ouvertement contre la décision du chef. Je me tiens donc à distance de la mêlée. Je ne suis pas dupe et je sais que lorsque le général lance cette formule salée dans la réunion à huis clos, « Je ne me ferai pas baiser », il sait que cela va fuiter. Il n'est pas un jeune lieutenant de cavalerie, sabre au clair !

Je m'emploie donc à dézoomer sur notre programme et ces fameux 2 % du PIB pour la Défense en 2025 que nous nous sommes engagés à atteindre. Je serai le moment venu rapporteuse au nom de la commission des Affaires étrangères de la loi de programmation militaire, pour veiller au respect de cet engagement. C'est d'ailleurs à ce moment-là que le général de Villiers acceptera de me rencontrer, « Par curiosité » avait-il pris soin de me préciser. Il avait adhéré à mon travail de rapporteuse, m'avait même par la suite dédicacé ses deux ouvrages dans lesquels il témoignait lui-même de son attachement à la hiérarchie.

C'est pour cette même raison que trois ans plus tard, en pleine crise du coronavirus, je suis effarée de la balkanisation du groupe à l'Assemblée nationale. Au moment où cela tangue le plus, où l'on s'attendrait à avoir une fraternité d'armes entre tous les députés, voir ainsi se créer un groupe sur notre aile gauche me sidère. Certains ont leur propre agenda, leur propre calendrier, peut-être sur le court terme leurs propres échéances électorales. Mais je trouve tragique que nous ne puissions pas avoir une certaine loyauté en politique. Je demeure fidèle aux engagements pris, même si certaines mesures inscrites dans notre programme sont impopulaires. Dans la promesse de renouveau de la République en Marche, il y avait cette possibilité de dialoguer entre personnes venues d'horizons divers sans recréer des chapelles. Quand un chef est dans la difficulté, qu'il soit militaire ou politique, c'est le pire moment pour le lâcher. Pour moi, cela se confond avec de la malhonnêteté intellectuelle. Le général Gourlez de La Motte, dans son écrit éthique militaire en 1989, le résumait ainsi : « À l'égard de vos supérieurs, les devoirs sont complexes. La loyauté que vous leur devez va à l'encontre de l'obéissance inconditionnelle dénuée de sens critique. » Ce qui signifie qu'on confond souvent endoctrinement et loyauté.

La justice et le juste

« L'homme juste produit la justice hors de lui parce qu'il porte la justice en lui. »

Alain, *Cent un propos*,
Cinquième série.

À la guerre, tous les coups ne sont pas permis. Le code du soldat, composé de dix articles, insiste sur le respect de l'adversaire, l'obéissance aux ordres dans le respect des lois, des coutumes de la guerre et des conventions internationales, l'action collective, la capacité d'adaptation. Il est distribué et expliqué à tous dès le début de la formation.

Je transpose cela spontanément à la scène politique en restant sur le terrain du juste. Aux municipales, j'ai refusé les alliances contre nature, je ne prends aucun engagement à la légère. Nous pouvons avoir cette impression qu'en politique tous les coups sont permis. Mais je n'ai jamais versé dans ces travers : trahir la parole donnée, les autres, se servir avant de servir, faire preuve d'un cynisme débridé, tout cela sort du cadre inculqué par l'armée.

Je suis toujours attirée par les territoires qui me sont inconnus. C'est ainsi que j'ai toujours été fascinée par le monde de la justice, le seul domaine du régalien que je n'ai pas encore exploré. Mon expérience du droit est anecdotique et se limite aux leçons que je faisais réciter à ma grande sœur quand elle préparait le concours d'avocate. Le par cœur qu'elle s'infligeait était pour moi un cauchemar. À Saint-Cyr, j'ai également suivi un enseignement sur le droit des conflits armés. Je me souviens d'un cours de droit international humanitaire sur la distinction entre la ruse et la perfidie qui m'a bien servi dans mon quotidien politique. À l'armée, on use de la ruse pour tromper l'ennemi. On peut par exemple, par des leurres, faire croire à la présence de cent chars alors qu'ils ne sont que dix. Et la perfidie consiste à piéger un jeu d'enfant ou à abriter des armes dans un lieu marqué d'une croix blanche.

L'une des premières raisons de mon engagement en politique était de pouvoir œuvrer à sa plus grande moralisation. J'avais été scandalisée par l'affaire Cahuzac, la phobie administrative de Thomas Thévenoud, l'affaire Fillon. Je m'interrogeais : est-il possible de résister à la tentation ? Faut-il être un surhomme ? À l'été 2017, l'un des premiers textes que nous avons votés portait précisément sur cette moralisation. Il prévoyait justement une peine en cas de manquement à la probité. Dans la foulée, la réserve parlementaire qui allouait une enveloppe de dépenses à chaque député pour la subvention de projets locaux, à la seule diligence de ces derniers, a été supprimée de manière à lutter contre les différentes formes de clientélisme. Des mesures ont également été prises pour éviter les dérapages dans le cadre des emplois familiaux.

Le moment venu, j'ai proposé à Richard Ferrand ma candidature à la Cour de justice de la République. Je fais alors valoir qu'il est inutile de la qualifier de « Cour de la République » si elle n'est qu'un entre-soi de constitutionnalistes, de juristes. Ma candidature est retenue. Je jouis d'un bénéfice d'intégrité auprès de mes pairs, en tant que militaire. Assez vite, nous sommes saisis de l'affaire de l'ancien garde des Sceaux Jean-Jacques Urvoas, jugé pour violation du secret professionnel pour avoir transmis au député LR Thierry Solère des informations sur une enquête qui le visait dans un dossier de fraude fiscale. On se souvient de sa formule choc : « L'institution judiciaire est en voie de clochardisation. » Dans tous les moments difficiles de mon mandat (des Gilets jaunes à la réforme des retraites en passant par le coronavirus), rendre la justice a été l'une des plus grandes épreuves que j'ai affrontées jusqu'à aujourd'hui. Lorsque nous avons devant nous un juriste reconnu, dont j'avais lu et apprécié les écrits, notamment le *Manuel de survie à l'Assemblée nationale*, nous nous devons de juger en toute impartialité un acte, et non un homme. C'est infiniment complexe. Je pense que tous ceux qui ont été jurés ont dû ressentir cela. Une fois qu'on vécu cette expérience, on gagne en humilité. Il est toujours plus facile d'être spectateur qu'acteur.

Caporal stratégique

« Et nous les petits, les obscurs, les sans grade. »

Edmond Rostan,
L'Aiglon.

L'armée a développé le concept de « caporal stratégique ». La moindre infraction commise par un simple exécutant et qui contrevient au code du soldat peut mettre à mal toute l'institution, voire toute une coalition. Il est bien précisé dans ce code du soldat qu'en toutes circonstances ce dernier doit se conduire avec honneur, courage, et dignité. Il est sanctionné pour le motif d'atteinte au renom de l'armée.

Par le prisme de cette notion, l'affaire Benalla prend une tout autre dimension. Il devient notre caporal stratégique.

Alors que le pays est encore dans la liesse de la victoire des Bleus à la Coupe du monde de football, éclate ce qui devient très vite « l'affaire Benalla ». Place de la Contrescarpe, le 1er mai, dans le cinquième arrondissement parisien, ce proche d'Emmanuel Macron, coiffé d'un casque, un brassard de police autour du bras, s'en prend à un jeune homme à terre. Il est simplement suspendu de ses fonctions pendant deux semaines et n'assure normalement plus la sécurité des déplacements du président. Sauf que dans les semaines qui suivent, il est identifié sur plusieurs images et surtout, la justice n'est pas saisie. « L'exécutif tremble », écrit le journal *Le Monde*.

Je pense qu'on aurait pu éviter que tout cela ne prenne une telle ampleur, en appliquant la règle qui s'applique dans l'armée. Tel un caporal stratégique, un agent de sécurité avait par son irresponsabilité, porté atteinte à l'image de la France. Quand on est une personne publique, la marge de manœuvre devient extrêmement faible. Monsieur Benalla ne pouvait l'ignorer. En agissant ainsi, il avait atteint au renom de la République.

L'Allemagne, notre alliée

« Tous deux, nous resterons, désormais,
en contact personnel étroit. »

Charles de Gaulle
à Konrad Adenauer.

L'Allemagne est l'un des points de connexion entre mon engagement militaire et mon investissement comme députée. Au lycée, la formation reçue au sein de la classe européenne d'allemand avait fait naître un vrai goût pour la politique. Mes premiers voyages scolaires outre-Rhin avaient esquissé des premiers liens, qu'allaient renforcer mes années à la brigade franco-allemande.

Sa création en 1989 par le président de la République François Mitterrand et son homologue Helmut Kohl répondait à un projet éminemment politique. Elle est aujourd'hui encore une vitrine du lien franco-allemand. Au sein de ma compagnie, l'équilibre tenait à la bonne relation que j'entretenais avec mon homologue allemand (quand le capitaine est français, son adjoint est allemand et vice-versa) dans un commandement binational tournant. Le chef de corps et son adjoint étaient choisis par les deux nations à tour de rôle pour une durée de deux ans.

Hélas, comme souvent en matière de rapprochement bilatéral, cette bonne idée s'est arrêtée au milieu du gué. De facto, cette brigade qui devait être le noyau d'une armée européenne ne l'est pas. J'ai pu le vérifier au quotidien à travers de petits détails absurdes : l'uniforme n'est pas le même, le budget n'est pas commun, les règles ne sont pas identiques. Je cite souvent cet exemple : pour les Français, tout ce qui n'est pas écrit « interdit » est autorisé ; pour les Allemands, tout ce qui n'est pas écrit « autorisé » est interdit. Un général avait utilisé un jour une formule assez juste pour montrer ces différences de commandement : « C'est exactement comme les décalages au sein d'une famille, dont certains membres sont en Mac et d'autres en PC. » (Général Boyard, cité dans *Le Point*, le 11/07/2019.) Élue députée, j'ai fait de cette expertise des questions allemandes un point fort de mon action politique. Whip au sein de la commission des Affaires étrangères, j'ai été rapporteuse du traité d'Aix-la-Chapelle. Or, il est un cas pratique et concret de l'importance stratégique du lien franco-allemand au sein de l'Union. Il prévoit une coopération décentralisée, des jumelages de communes, l'apprentissage de la langue allemande et le fonds citoyen pour financer des projets hors des dispositifs existants. Mais il est surtout à l'origine de la mise en place de l'Assemblée parlementaire franco-allemande, dont l'acte constitutif a été signé le 25 mars 2019. Toutes les commissions y sont représentées et la possibilité est ouverte de s'en saisir très en amont quand un delta apparaît entre la France et l'Allemagne ou que les transcriptions du droit européen posent problème. Cela permet de faire un grand pas en avant dans notre connaissance mutuelle de nos institutions, ce qui est fondamental ensuite dans la prise de décisions. Il est assez rare sur le plan politique d'obtenir une communauté de vues spontanée entre la France et l'Allemagne, lorsque, au contraire, on parvient à un compromis entre les deux pays, il est plus simple de le faire accepter par les autres membres de l'Union. On a trop dit ce que ce traité d'Aix-la-Chapelle n'était pas, mais il faut aussi dire ce qu'il est : du concret et une feuille de route pour les décennies à venir, afin de redonner à ce duo franco-allemand un rôle de locomotive, confirmé par le plan de relance européen post-covid noué entre le président Emmanuel Macron et la chancelière Angela Merkel.

Toujours en uniforme

« D'un magistrat ignorant,
c'est la robe qu'on salue. »

Jean de La Fontaine, *Les Fables,*
« L'âne portant des reliques ».

Adolescente, j'étais indifférente à la mode. Petite, j'adorais les robes, mais le plus important était pour moi qu'aucune tenue n'entravât mes mouvements.

Dès mes 18 ans au Prytanée de La Flèche, j'étais coulée dans le complet bleu marine. Cela m'allait plutôt bien et me facilitait la vie de ne pas réfléchir à la bonne tenue.

À l'armée, tous les vêtements sont normés : T41, T41bis, T21, chaque habit correspond à une situation précise, ça évite les dilemmes inutiles et chronophages. On sait comment s'habiller pour la journée. Une chance, notre uniforme kaki était assez fonctionnel. Il y avait bien toujours ce problème de la coiffe. Celle de Saint-Cyr était tellement horrible qu'on la surnommait « le pot de chambre ». Ensuite, il y a eu le tricorne, qui se porte comme le képi, sauf que, à la différence des garçons, nous ne sommes pas autorisées à y épingler nos galons. Catherine Busch, la première femme chef de corps qui avait défilé sur les Champs-Élysées en 2019, avait d'ailleurs fait son petit coup d'éclat, en choisissant de porter le képi. Un acte militant.

En tant que députée, je considère que je ne peux pas m'habiller comme je le souhaiterais. Je suis en représentation.

Au moment de mon élection, on ne peut pas dire que je disposais du dressing idéal de la femme politique. Pendant la campagne, une solidarité féminine s'était mise en place dans mon équipe. Chacune de mes proches militantes m'avait prêté des habits. C'est avec une robe appartenant à Fabienne que j'ai fait mon interview pour *Paris Match*. Ma copine Avélina, partie en opération extérieure en Irak, m'avait gentiment prêté tous ses vêtements. J'ai prêté serment pour la Cour de justice de la République dans l'une de ses robes, et posé dans une autre pour la biographie de mon site internet. Je lui avais fait une promesse : « Je vais faire voyager tes robes. » Ce fut le cas, pour mon déplacement en Chine et toutes mes missions de l'hiver 2017-18.

Par la suite, je me suis constitué un vestiaire classique, articulé autour du bleu et du rouge, les deux couleurs qui me vont le mieux et incarnent mes fonctions. Étrangement, l'armée m'avait rendue plus féminine. Cela s'explique par le sentiment de privation. Comme nous passons nos journées en treillis, je découvre la frustration de ne plus avoir le choix. C'est à partir de là que j'ai commencé à m'acheter des jupes, des chemisiers et des talons. Je prenais plus de plaisir à trouver les bonnes tenues aux différentes situations.

Élue en juillet 2019, à la vice-présidence, il faut revoir le vestiaire. J'ai quelques mois avant ma prise de fonction en octobre pour faire l'acquisition de tenues de représentation, pour les hommages, cérémonies, les sommets (PESC/Politique étrangère et de sécurité commune et G20) et le perchoir. Pour les débats dans l'hémicycle, j'opte pour la sobriété : tailleur, chemisier, escarpins.

J'ai compris à quel point en politique l'habit fait le moine. Incarnation de la fonction, respect des codes et du protocole, il véhicule un langage symbolique propre.

Mère d'active et mère active

« On ne naît pas femme, on le devient. »

Simone de Beauvoir,
Le Deuxième Sexe.

Il y a environ 15 % de femmes dans l'armée. On plaisante souvent en disant que lorsqu'on se marie, on perd 50 % de nos capacités opérationnelles. Mais on se rend compte que beaucoup de femmes quittent l'institution après la maternité, car pendant les jeunes années de l'enfant, il peut sembler insurmontable de partir en opérations extérieures. Cela ne m'est pas arrivé, mais je connais plusieurs femmes militaires pour lesquelles cela a été très compliqué. Un dispositif a été intégré dans la loi de programmation militaire (LPM) pour stopper cette hémorragie : le congé pour enfant de moins de 8 ans. Les femmes peuvent mettre leur carrière militaire sur pause, exercer une autre activité à côté, être réservistes et revenir dans l'institution. Ce droit est également ouvert aux hommes, les avancées pour les femmes profitent souvent à tout le genre humain. En ce sens, être mère pour une femme politique est beaucoup plus simple. Sans doute parce que nous sommes arrivées en force avec le mouvement

En Marche, je ne ressens pas la misogynie dont on parle en politique.

L'une des premières illusions pour les femmes de ma génération, nées pendant les années 80, a été de croire qu'elles pouvaient quand elles le souhaitaient faire un bébé. Évidemment non. Avec l'allongement des études, les difficultés à se stabiliser, l'enfant arrive surtout quand on peut ; cette prise de conscience a créé beaucoup de désillusions.

François de Singly a écrit *Fortune et infortune de la femme mariée*, j'aurais pu écrire « Fortune et infortune de la femme qui a une carrière ». On retrouve cette idée d'une nécessité pour la femme française de conjuguer la vie de mère et de femme dans les écrits d'Élisabeth Badinter. Mes grossesses sont toujours arrivées à des moments un peu compliqués de ma vie professionnelle. J'ai eu Aurore pendant mon temps de commandement, autant dire que j'ai entendu des formules déplacées.

J'avais été particulièrement choquée par la réaction de mon général lorsque je lui ai annoncé que j'attendais ma fille Aurore. Je commandais ma compagnie. Je me souviens de ses propos : « Mais vous allez donner vos ordres dans cet état ? » Ce à quoi je lui avais répondu : « Mon Général, je suis tellement certaine de ma légitimité que mes ordres, si je devais les donner en maillot de bain, je les donnerais en maillot de bain. » Oui, il est possible de commander une compagnie et donner des ordres en portant un enfant, je ne vois pas où est le problème. Mon général est resté sidéré, il ne s'attendait pas du tout à ce que je lui tienne tête, il n'a pas dit un mot. Il a tourné les talons, est reparti et nous ne nous sommes plus jamais reparlé.

J'ai eu mon fils Luc en pleine préparation de l'École de guerre, ce qui était un bon moyen de se saborder… Il faut alléger les femmes du fardeau de la culpabilité. Un trait me caractérise, je ne culpabilise jamais de rien : ni de passer deux jours par semaine à Paris pour aller à l'Assemblée, ni de dire à Richard Ferrand que je ne suis pas disponible au pied levé. Lorsque j'étais plus jeune, mes amis me voyaient comme « une femme d'intérieur tout le temps dehors ». Cette vie me va idéalement, j'ai besoin des deux.

À plusieurs reprises lors de mes grossesses, on a accueilli la nouvelle en me disant que j'étais courageuse. Je pense qu'il faut s'en inquiéter. Du terrain, j'ai toujours entendu que ce n'était pas facile d'être enceinte dans les organisations, car il faut trouver un remplaçant pendant le congé de maternité. Les indépendantes, elles, n'avaient pas jusqu'à la loi que nous avons fait voter, un vrai statut de maternité. Il est donc temps de réussir à faire le dernier kilomètre : non, cela ne doit pas être ennuyeux qu'une femme annonce une grossesse ; non, ce n'est pas faire acte de courage que d'attendre un enfant. Je crois en avoir eu dans ma vie en faisant le choix de l'armée et en partant en opérations, en m'engageant dans la vie politique alors que j'étais militaire, mais la maternité non, ce n'est pas un acte de courage.

Quand je me suis rendue aux Comores en tant que rapporteuse pour un accord judiciaire entre nos pays, une première pour une délégation de parlementaires de la commission des Affaires étrangères, j'ai visité la prison, l'un des endroits les plus sordides qu'il m'ait été donné de voir. Après avoir fait le tour de ces cellules sans fenêtres complètement délabrées, avec des prisonniers hagards dont le chef d'inculpation était écrit sur un tableau noir, « opposants », j'avais reçu un appel du maître de CP de ma fille Aurore : « Bonjour, madame, vous ne m'avez pas dit si vous prenez la photo de classe cette année ? » Là, j'ai eu conscience d'un vrai choc des cultures… De même, il m'est arrivé en plein covid de ressentir ce décalage lorsque la maîtresse de mon fils Luc m'appelait au téléphone alors que je m'apprêtais à monter au perchoir. Elle tentait d'organiser l'aménagement des classes en demi-groupes pour respecter la distanciation sociale et les mesures sanitaires.

Le brouillard de la guerre

« Ce ne sont pas des soldats :
ce sont des hommes.
Ce ne sont pas des aventuriers, des guerriers,
faits pour la boucherie humaine. »

Roland Dorgelès,
Les Croix de bois.

On dit souvent qu'à l'armée le premier mort de la guerre, c'est le plan. Mais on ne peut pas nous reprocher d'anticiper les choses. C'est même tout le sens de la MÉDO. Il reste toujours des impondérables, le moral des troupes, le soutien fluctuant des opinions publiques.

En octobre 2009, je suis en manœuvre avec ma compagnie franco-allemande dans le sud de la France, à Canjuers, près des gorges du Verdon, pour un exercice de préparation aux alertes Nato Response Force (NRF). Ce type d'entraînement opérationnel occupe une part importante du quotidien du militaire. C'est un temps de préparation essentiel, avant que nous soyons projetés en opération.

En tant que commandant d'unité, une liste de missions à accomplir m'a été transmise par le bureau Organisation et instruction. Officier en charge des explosifs, la mienne consiste tout d'abord à faire le calcul de charges pour déterminer quelle quantité est nécessaire à la destruction des grumes, parpaings et pylônes. C'est ce que nous appelons les chaînes pyrotechniques.

Nos journées se suivent et se ressemblent, elles débutent par le rassemblement des troupes à 7 h 30. Chaque matin, j'accueille les soldats d'un « *Morgen Kompanie* » et ils me répondent en chœur « *Guten Morgen Kapitän* ». S'en suivent les exercices d'entraînement physique, avec beaucoup de footing. Depuis mon élection, je garde d'ailleurs ce goût pour l'endurance et dès que je peux participer à une randonnée caritative, je réponds présente !

Un jour de la fin octobre, au beau milieu de cette manœuvre, mon chef de corps allemand vient me voir : « Capitaine, j'ai été sollicité pour déployer notre unité sous l'Arc de Triomphe pour la venue d'Angela Merkel à Paris, vous en prendrez la tête. » C'est à partir de là que je prépare MÉDO et plan d'attaque.

À la fin de notre entraînement, toute la brigade remonte vers Müllheim, le trajet nous prend deux bonnes journées de route. À peine rentrés, nous entamons les préparatifs pour la cérémonie. La chorégraphie est réglée sur le principe de l'ordre serré, mais les troupes sont réparties en arc de cercle, ce qui rend plus compliquée la synchronisation. Le « À droite ! Droite ! », cafouille un peu, car pour les uns il est synonyme d'aller vers la droite, pour les autres vers la gauche ! Le jour J, aux aurores, les troupes sont en place. Un journaliste me fait remarquer que mes mains sont bleues. Il fait un froid glacial, nous sommes tous frigorifiés, mais cela ne gâche aucunement mon plaisir et ce que je retiens, c'est mon arrivée sous l'Arc de Triomphe. Je me revois lever la tête et éprouver ce sentiment de vivre un moment historique, autour du lien franco-allemand.

À la tête du bataillon, j'ai anticipé les moindres détails, mais comme souvent avec les politiques il faut œuvrer « en conduite » et nombre de petits imprévus peuvent venir perturber la mission. Alors que tout le monde est en place, on me demande d'extraire deux soldats qui porteront la gerbe de fleurs que déposeront Angela Merkel et Nicolas Sarkozy, deux jeunes recrues engagées sans le moindre galon et qui vont vivre leur moment. On m'en enlève deux autres pour faire le filtrage, mon dispositif se trouve dépouillé. Alors que nous nous replions sur notre base arrière avant de remonter vers l'Allemagne, je suis encore tout émue par ce que je viens de vivre. Jamais à ce moment précis, je ne me serais imaginé que dix ans plus tard, députée de la majorité et vice-présidente de l'Assemblée, je serais invitée par le président Richard Ferrand à le représenter aux cérémonies d'un autre 11 novembre.

En 2018, Emmanuel Macron avait souhaité une itinérance mémorielle pour célébrer la fin de la Grande Guerre. Une semaine du 5 au 11 novembre, sur les lieux marquants du conflit, avec des étapes en Moselle, Meurthe-et-Moselle, dans les Ardennes et les Hauts-de-France. Mais déjà, la colère sociale grondait et avait transformé cet acte symbolique fort en parcours du combattant.

C'est un an plus tard, en octobre 2019, que la commémoration va de nouveau s'inviter dans mon agenda. Je suis au Sommet du G20 des présidents de parlement, en ma qualité de vice-présidente en charge des Affaires internationales. Il y a en marge beaucoup d'entretiens bilatéraux calqués sur l'actualité du moment, avec les Australiens, les Russes, les Américains, les Italiens, le représentant de l'Union européenne, les Japonais. L'emploi du temps est évidemment chargé où s'entremêlent politique et diplomatie. Dans ces sommets, nous n'avons pas une minute pour relever les messages sur nos téléphones et le décalage horaire complique encore les choses. Le brouillard est épais, nous sommes dans la mission. Ce jour-là pourtant, mon assistante essaie de me joindre par téléphone, car Richard Ferrand souhaiterait que je le représente pour les cérémonies du 11 novembre. L'inauguration d'un monument aux 549 soldats morts depuis 1963 en opérations extérieures, dans le parc André Citroën à Paris, doit avoir lieu au même moment, ce qui revêt une importante dimension symbolique. Ce mémorial représente six soldats, une femme et cinq hommes portant un cercueil invisible.

On sait que parfois, sur les zones de combat, il est nécessaire de s'adapter, d'ajuster les choses, mais il demeure toujours des choses inquantifiables, comme la force morale, la détermination. C'est la fameuse logique du grain de sable qui a donné son nom à un livre d'Erik Durschmied. Cette fois-là, prise dans les débats, je suis hélas complètement injoignable. Devant les difficultés à me contacter, mon assistante parisienne prend la liberté de répondre que je suis déjà engagée en circonscription à la cérémonie de Fontevraud l'Abbaye. Lorsque le message me parvient, je suis hors de moi mais il est trop tard. Il n'y a pas qu'à la guerre que le brouillard forme un obstacle !

L'insurrection

« La justice sans la force est impuissante,
la force sans la justice est tyrannique. »

Pascal.

Tout le monde connaît cette formule des Shadocks : « Toujours taper sur les mêmes pour qu'il y ait le moins de mécontents possible. » Mieux vaudrait que ces « mêmes » ne représentent pas la moitié des Français.

Dans les insurrections, il y a souvent un premier acte, une phase préparatoire au cours de laquelle la tension monte. L'idée de limiter la vitesse de 90 à 80 km/h avait déjà échauffé les automobilistes, cette France qu'on allait bientôt surnommer « France des ronds-points ». Élue depuis un an, je pressentais que cet oukase parisien serait clivant et opposerait ceux qui volent au kérosène et ceux qui ralentissent au gazole. J'étais extrêmement sensible à la cause de la sécurité routière. Mon mari avait eu un accident de moto à 20 ans qui avait failli lui coûter la vie, la sœur d'une copine de promotion était morte sur la route, sans compter les amis victimes et blessés en scooters. Mais rapportée à la réalité de nos déplacements, je sentais que l'application de cette mesure allait être sur le terrain un vrai casse-tête. Moi-même, je voyais bien en empruntant régulièrement les bords de Loire de Turquant à Saumur, ne serait-ce que sur dix kilomètres, que je changeais dix fois de vitesse, entre les ronds-points, le 70 km/h, les 30 km/h, les 80 km/h. C'était tout simplement ubuesque. Nous avions pourtant dès le départ, en tant qu'élus ruraux, alerté sur le côté trop clivant de cette mesure qui ne figurait pas au programme qui nous avait fait élire. Rien n'y avait fait.

Dans le contexte d'urgence climatique, la volonté de limiter les émissions de CO2 était légitime, mais le rapport avec le terrain avait été mal appréhendé. La formule plus que malheureuse du porte-parole du gouvernement Benjamin Griveaux qui voyait en Laurent Wauquiez « le candidat des gars qui fument des clopes et qui roulent au diesel » a attisé la flamme. Un jour, dans l'hémicycle, j'avais écrit un message de quelques lignes à Benjamin Griveaux : « Suite à votre formule malheureuse, je vous invite à venir rencontrer nos concitoyens dans ma circonscription. » Au fond de moi, j'attendais des excuses sur cette maladresse, au lieu de quoi il s'est contenté de me renvoyer, en guise de regrets, une citation du théologien américain James Freeman Clarke : « La différence entre un politicien et un homme d'État est que le politicien pense aux élections suivantes, tandis que l'homme d'État pense aux générations suivantes. » Comme si lui-même n'était pas dans un contexte court-termiste d'élections municipales à Paris, avec les suites que l'on connaît et qui donnent à cette pirouette un côté cocasse.

Dans ce contexte insurrectionnel, pas question pour la capitaine de reculer. Au contraire, le 27 novembre 2018, je décidais de rencontrer pour la première fois une délégation des Gilets jaunes de ma région, à Montreuil-Bellay. Nous nous étions un peu courus après, car les gendarmes tenaient absolument à ce qu'au préalable la zone soit sécurisée, compte tenu de la violence inouïe dont avaient pu être l'objet certains élus (menace par des armes, saccages, voitures brûlées).

Avant d'aller au contact, j'avais pris soin de consulter mon amie militaire Avelina. Nous avions discuté de manière informelle et agréable au cours d'un footing sur les bords de Loire. Je lui avais confié mon embarras : « Je ne me sens pas si différente d'eux », lui avais-je dit. Je roule moi-même au diesel depuis mes 18 ans, et depuis que j'habite à la campagne, on a dû acheter une deuxième voiture. Je me sentais une vraie empathie, une sincère compréhension. Mon amie m'avait alors interrompue en formulant ce conseil : « Il faut que tu leur dises, tu es élue depuis dix-huit mois à peine, tu connais la vraie vie. » Elle avait raison. C'était une des volontés du candidat Emmanuel Macron, aller chercher dans la société civile des députés qui ressemblaient davantage à tous les Français. Malgré les circonstances, on n'avait jamais trahi cette promesse. Le président de la République lui-même avait choisi d'aller au contact.

Le jour du rendez-vous, j'avais emprunté ces fameuses petites routes de campagne si agréables avant de me garer à Montreuil Bellay, devant le château. Dès mon arrivée au lieu convenu, je m'étais adressée à eux dans un style très direct : « Écoutez, leur ai-je dit, j'ai grandi à Rennes, mes parents tenaient un bureau de tabac et lorsque mon père est décédé, j'avais 17 ans. Ma mère a dû vendre son commerce à perte, prendre un travail de vendeuse au rayon vaisselle d'un grand magasin. Donc, dites-moi ce que vous voulez, mais ne me dites pas que je ne peux pas comprendre. Je sais pourquoi je me suis lancée il y a dix-huit mois dans le combat politique, je crois en mes valeurs, donc vraiment, allez-y ! »

Ils s'attendaient tellement à rencontrer une politique distante et caricaturale, telle qu'ils pouvaient l'imaginer en voyant les retransmissions en direct de l'hémicycle, qu'ils sont restés un peu désarçonnés.

S'en est suivie une discussion de près de deux heures, durant laquelle chacun m'a exposé sa situation, son souhait légitime de vivre et non plus simplement survivre dans une société de consommation qui ne laissait plus aucune latitude. Une fois payés les frais fixes, l'eau, l'électricité, internet, les téléphones, le remboursement de la voiture à crédit, il n'y a plus de gras. De là naît ce sentiment d'étranglement et de déclassement, de cette impossibilité d'accueillir l'aléa. Je les ai écoutés, mesurant le manque de considération, sans réussir à trouver comment concilier cette balance entre la fin du monde et la fin du mois. J'ai souvent un avis sur des sujets variés, la défense, la santé, la laïcité, l'immigration, l'agriculture, mais il restait un nœud. Je me sentais forte de la légitimité d'avoir été élue, même si je n'oubliais pas le fort taux d'abstention au moment de l'élection. Je leur ai d'ailleurs dit d'emblée en me présentant : « Cette mission de vous représenter est un honneur, c'est un devoir de faire entendre votre voix. » J'ai toujours voté depuis mes 18 ans. J'ai voté à Rennes, en opération extérieure, par procuration, quand j'étais en Allemagne, au consulat, pour les présidentielles, ça a toujours été une évidence. En rappelant cela, je comprenais aussi la mission qui m'était demandée de faire remonter leurs doléances.

Le temps passé sur le terrain à aller au contact des réalités locales me donnait une légitimité. Je connaissais très bien mes dossiers. Mais sur ce sujet précis, c'était comme s'il n'y avait plus d'intermédiaires entre le président et ces Français, plus d'espace de discussion et d'échange. Les lieux où traditionnellement on ouvrait les vannes, les cafés de villages avaient fermé, la colère se libérait donc dans l'espace public, sur les routes. Je m'étais engagée à rédiger un courrier au Premier ministre, ce que je fis.

Un « Gilet jaune » m'avait lancé un défi : venir passer une journée sur son lieu de travail. Défi relevé, alors que j'ignorais jusqu'à la nature exacte de son activité. Je me suis donc retrouvée à travailler comme bénévole, le temps d'une journée, pour l'association Emmaüs à Saumur. J'ai passé ma matinée à trier les dons de vêtements avec deux autres employées : une mère célibataire d'origine anglaise en insertion professionnelle, qui avait tenu des chambres d'hôtes dans le Saumurois avant que son mari ne la quitte, et une jeune femme ayant subi du harcèlement moral dans son précédent travail. Ces lots de vêtements, ce sont des tranches de vie. Surtout quand il s'agit d'habits d'enfants. J'ai déjeuné sur place avec le personnel, l'occasion de parler des engagements des uns et des autres, du combat de l'abbé Pierre dont ils assurent la transmission. Une des codirectrices reconnaissait volontiers qu'aucun de ses ados ne voulait porter des choses venant de l'association. L'après-midi, on m'a chargée de la mise en rayons, avec classement par âge, taille et sexe. Finalement, j'ai peu croisé celui qui m'avait invitée, car il s'occupait de la réparation du petit matériel électroménager. Je l'ai revu par la suite en 2020, à la cérémonie des vœux du maire de Saumur. Il était devenu auto-entrepreneur dans l'aménagement d'espaces verts et j'étais contente de constater qu'il avait réussi à s'en sortir.

Encore une fois, un auteur militaire m'avait éclairée sur le choix d'Emmanuel Macron d'organiser le grand débat juste après la crise. Je m'étais replongée dans les écrits de David Galula sur la contre-insurrection. Il soulignait la nécessité de retrouver, par des propositions politiques concrètes, le terrain de la raison. Il disait notamment ceci : « Là où l'insurgé exige l'indépendance immédiate, parle de révolution, de lutte des classes et de dictature du prolétariat, son adversaire ne peut offrir que l'autonomie, promouvoir des réformes à long terme et la solidarité entre les classes. » Et il précisait : « Une solution pratique consiste à enquêter objectivement sur les revendications populaires, à en établir une liste, puis à rejeter celles qui ne peuvent pas être honorées sans danger et à accepter les autres. » C'était bien toute la finalité de ce grand débat. Encore une fois, la solution à ce problème politique avait été militaire : quadriller le terrain.

Quadriller le terrain

« La liberté, elle est dans ces paroles :
Qui veut donner à l'assemblée un sage avis
pour le bien de la cité ? »

Euripide,
Les Suppliantes.

L'insurrection avait montré au grand jour ce sentiment des Français de ne pas être assez représentés, il fallait aller au contact pour prendre le pouls des difficultés et restaurer la confiance. Cela faisait écho à ma propre stratégie de mobilité du camping-car, à mon obsession de ne pas « me laisser fixer », de me passer d'un local et d'assurer mes permanences de députée en me déplaçant dans toutes les mairies de la circonscription où je tiens une permanence tournante en informant mes concitoyens.

Notre mission d'élu est de ménager une forme de démocratie plus directe sur les thèmes du Grand débat proposés par le gouvernement : transition écologique, fiscalité, démocratie et citoyenneté, organisation de l'État et des services publics. Cela permettait de balayer à la fois les thèmes récurrents de l'ISF et des appointements jugés trop élevés des élus, mais aussi de répondre à des questions locales sur les communes nouvelles et la distension des liens de proximité, ou les trous trop nombreux dans le maillage des lignes de bus censées permettre plus souvent de laisser garées les voitures et donc de faire baisser la pollution.

Avec une grande réunion à Saumur retransmise en direct sur les réseaux sociaux et deux autres à Brissac-Loire-Aubance et Lys-Haut-Layon, je quadrillais l'ensemble de ma circonscription. Toutes ces doléances m'inspiraient une réflexion : je déplorais que l'on soit passé du « droit de » plutôt moteur et inscrit dans l'action, au « droit à » qui enferme tout le monde dans un réflexe victimaire. Hans Kelsen, dans sa théorie pure du droit, faisait déjà une mise en garde contre cette dérive : « Les hommes divergent d'opinion quant aux valeurs à considérer comme évidentes, il n'est pas possible de les réaliser toutes dans le même ordre social. Il faut ainsi choisir entre la liberté individuelle et la sécurité sociale. »

À l'armée, nous avons coutume de dire que c'est le terrain qui commande. Nous signons même pour plaisanter certains de nos plans de manœuvres de la mention « Général le terrain ». Cela a eu des incidences sur ma campagne et sur la mise en place de mon mandat dans la circonscription. Intégrer le terrain aide aussi à bien maîtriser les dossiers, prendre le temps de rencontrer les intervenants, de participer aux groupes de travail. En rejoignant, à l'Assemblée, celui portant sur les « villes moyennes », qui a initié en décembre 2017 les travaux préparatoires du premier dispositif gouvernemental « action cœur de ville », j'ai consolidé ma connaissance des enjeux locaux. Je pense que tout le monde est perdant dans une concentration excessive et c'est aussi cette mécanique que le grand débat a eu pour objectif de corriger. Il s'agissait de recréer du lien entre la capitale et les communes de France.

La frontière

« Les hommes construisent trop de murs
et pas assez de ponts. »

Newton.

Lorsque les armées interviennent dans les désordres mondiaux, bien souvent c'est autour des frontières que se matérialisent les enjeux de territoires, de migrations consécutives à un dérèglement climatique qui précarise encore davantage des populations déjà fragiles. Lorsque j'étais en opérations extérieures, j'ai eu plusieurs fois l'occasion de prendre conscience de ces liens entre dérèglement climatique, instabilité et intervention.

En juin 2008, lors de l'opération Daman au Liban comme Casque bleu, en soutien à la FINUL (Force intérimaire des Nations unies au Liban) je me souviens avoir été marquée par la vue de la matérialisation concrète de la ligne frontière. Il s'agissait de la blue line, cette frontière artificielle entre le Sud-Liban et l'État d'Israël. C'est là-bas, dans ce sud désertique, que j'ai compris ce qu'était la géopolitique de l'eau qui rend très compliquée la réconciliation des populations locales. L'eau nous manquait cruellement et à dix mètres de là, de l'autre côté, il y avait une immense forêt.

Mais je pense aussi au lac Tchad, qui alimente 40 millions de personnes dans quatre pays limitrophes : le Tchad, le Cameroun, le Niger et le Nigeria. Or, il a vu son empreinte au sol considérablement réduite, ce qui assèche les terres fertiles et mécaniquement conduit à des déplacements de population. Par leur exode, les populations contribuent à grever les ressources en eau et en alimentation des terres qu'elles traversent à l'échelle nationale. Tout cela engendre de l'instabilité, des guerres de territoires qui nous conduisent à intervenir. Et, ainsi, la sécurité de nos propres frontières commence dans ces théâtres d'opérations qui peuvent sembler bien lointains.

L'Europe

« Soyons la liberté européenne,
soyons la paix universelle. »

Victor Hugo, Discours
à l'Assemblée nationale, 1871.

Le fait que l'axe européen ait été un des points forts du programme d'En Marche a évidemment pesé dans mon adhésion aux idées, cela rejoignait mon propre socle de valeurs.

J'étais de ces enfants pour lesquels les engagements comptent. L'éveil de ma conscience européenne remonte à mes jeunes années. Déjà, en mai 1992, en classe de CM2, j'avais participé à ces journées « À nous l'Europe », peu avant le vote du référendum du traité de Maastricht. Nous vivions alors à Rennes et je me souviens des débats politiques à la maison. L'Ille-et-Vilaine avait voté majoritairement pour l'Europe à plus de 60 %.

Pour couronner ma participation à ces journées, j'avais reçu un petit diplôme qui avait pour moi une dimension éminemment politique. Il était cosigné par la ministre Élisabeth Guigou, le Premier ministre Lionel Jospin et le président de la République François Mitterrand. Une Élisabeth Guigou dont j'allais bien plus tard recroiser la route, puisque mon collaborateur en tant que whip, Erwann, fut son attaché parlementaire et qu'il a facilité quelques échanges.

Aujourd'hui, pour peser dans les affaires mondiales, notre pays a beau avoir une histoire culturelle très foisonnante, représenter la deuxième zone économique exclusive, il doit s'unir avec ses partenaires pour faire entendre sa voix. Je suis pour l'Europe de la Défense. Les enjeux dans ce domaine se sont tellement complexifiés avec l'intelligence artificielle, les questions de cyber défense, de défense spatiale et nucléaire que nous avons besoin de l'investissement de tous les pays membres. Avec le fonds européen de Défense, nous avons franchi un pas important en votant un budget commun qui permettra des économies d'échelle sur certains projets transnationaux de matériel.

Aux élections de mai 2019, le programme de la République en Marche appelait à une réelle « Renaissance » de l'Europe. La première proposition insistait sur la nécessité de bâtir une puissance verte, on ne peut plus d'actualité aujourd'hui. Étaient ensuite abordés les enjeux de souveraineté « donner à l'Europe les moyens de se défendre », la nécessité de « faire respecter nos valeurs et nos frontières », d'intégrer l'Europe dans les enjeux de mondialisation, une urgence que rappellerait hélas la crise sanitaire.

Je me suis investie sur le terrain, renouant avec l'exercice du « boîtage » et du porte-à-porte. J'avais rencontré une jeune étudiante qui revenait d'un séjour

Erasmus en Espagne. Je m'étais empressée de lui dire qu'elle serait d'autant plus motivée pour aller voter. Quelle ne fut pas ma déception quand elle me répondit : « Non, pas du tout. » C'est étrange, le citoyen européen semble peu enclin à défendre un modèle pourtant envié par le reste du globe.

Le jour du scrutin, à Saumur, la liste Renaissance soutenue par LREM, le MoDem et ses partenaires arriva en tête (25,64 %) devant le Rassemblement national (22,97 %), alors qu'Europe Écologie se hissait à la troisième place (11,91 %). Le programme d'En Marche insistait sur l'importance d'une Europe forte, condition nécessaire pour peser dans la géopolitique mondiale face à la Chine et aux États-Unis. La France est à la manœuvre et se bat pour une Europe forte de longue date. En 1976, Raymond Aron écrivait : « Les Européens voudraient sortir de l'Histoire, de la grande Histoire, celle qui s'écrit en lettre de sang. D'autres, par centaine de millions, y entre. »

2020 : L'année de Gaulle

« Les plus nobles principes du monde
ne valent que par l'action. »

Charles de Gaulle.

Je suis attachée à ces temps de commémoration et à la transmission de notre mémoire. Sans attendre 2020, j'ai commencé très en amont à célébrer l'année de Gaulle. En novembre 2019, j'ai ainsi assisté aux côtés de Richard Ferrand à l'apposition d'une plaque en l'honneur de Philippe de Gaulle, fils du Général, à l'Assemblée nationale, à l'emplacement où le 25 août 1944, il notifia leur ordre de reddition aux soldats allemands. Depuis, cette plaque est comme une stèle symbolique sur le parcours que j'emprunte pour monter au perchoir, qui me rappelle à quel point mes vies civile et militaire s'entremêlent. À chaque fois que je passe devant, je me dis que je participe à un petit bout d'histoire dans la grande Histoire du Palais Bourbon, qui a connu ses heures sombres, notamment pendant l'Occupation.

Je plaisante toujours sur le fait que dans la rubrique « Saint-Cyriens célèbres » de Wikipédia, je suis aux côtés du général de Gaulle, du général Leclerc de

Hautecloque, de Galula. Je vis le fait de figurer au milieu de ces grands hommes comme une consécration absolue. L'opposition LR a pu reprocher au président de la République de faire de la récupération politique concernant le général de Gaulle, je trouve cela absurde. C'est bien ce même président qui a rendu possible que la militaire d'active que je suis siège à l'Assemblée nationale.

De Gaulle, beaucoup le citent, se l'approprient et peu l'ont lu. Pour moi, *Le Fil de l'épée* est l'ouvrage de référence. Déjà, le Général analysait comment s'articulaient le politique et le militaire, en temps de paix et en temps de guerre, montrant qu'un équilibre entre les deux était impératif.

Mais c'est vrai, on n'aura jamais autant parlé de lui que pendant cette crise de la covid. En 2020, on a tout commémoré : son année de naissance, de décès, et la bataille de Moncornet du 17 mai 1940. Ce fut l'une des rares contre-attaques françaises, opposant dans l'Aisne nos troupes dirigées par le colonel de Gaulle à celles de la Wehrmacht. C'est l'arme blindée qui était à l'œuvre. C'est un symbole de résistance, et même si elle se solda par un échec, elle fut considérée comme « une défaite courageuse ».

On a évidemment aussi célébré l'anniversaire de l'appel du 18 juin 1940. La députée du Maine-et-Loire en profite pour faire une petite incise et préciser que cette bataille n'était pas l'unique fait de résistance militaire puisque les 19 et 20 juin 1940, il y eut celle des cadets de Saumur qui choisirent, contrairement à ce que leur avait ordonné le commandement militaire, de défendre une portion de Loire avant de rendre les armes. J'ai fait ma propre itinérance mémorielle l'été dernier, profitant de mes vacances pour faire un crochet à Colombey-les-Deux-Églises.

Déboulonner les statues

« Je ne veux pas d'un monde
où tout change, où tout passe. »

Lamartine,
Méditations poétiques, « La Foi ».

Entendre Jean-Marc Ayrault, président de la Fondation de la mémoire pour l'esclavage, dans une tribune publiée par le journal *Le Monde*, appeler à débaptiser la salle Colbert de l'Assemblée nationale, ainsi qu'un bâtiment à Bercy, parce que le ministre a été à l'origine du Code noir en 1685, me scandalise. Les tags sur la statue du maréchal Gallieni, avant que d'autres manifestants ne la recouvrent d'un drap noir, aussi. Cela me touche plus encore dans ce cas-là. Ce n'est pas seulement par solidarité entre Saint-Cyriens, mais parce qu'alors qu'il était effectivement impliqué dans certains conflits violents de la colonisation, notamment à Madagascar, il insistait : « Toujours nous devons ménager le pays et les habitants, puisque celui-là est destiné à recevoir nos entreprises de colonisation futures. Chaque fois que les incidents de guerre obligent l'un de nos officiers coloniaux à agir contre un village ou un centre habité, il ne doit pas perdre de vue que son premier soin, la soumission des habitants obtenue, sera de reconstruire le village, d'y créer un marché, d'y établir une école. » (Joseph Gallieni, cité par Hubert Lyautey, *Du rôle colonial de l'armée*, 1900, P16-17.) C'est d'ailleurs ce même Gallieni, en tant que gouverneur de Paris, qui a pris bien plus tard la décision de réquisitionner les fameux taxis parisiens pour apporter du renfort à la bataille de l'Ourcq. L'Histoire est complexe, faite d'avancées et de revers, et il n'est pas concevable pour moi de vouloir la réviser.

Dans le sillage des manifestations américaines et françaises antiracistes, les statues et monuments liés à l'histoire coloniale de la France sont au cœur d'une polémique mémorielle. Qu'il y ait un certain dogmatisme de militants antiracistes, je peux le concevoir, c'est le propre du militantisme. Mais aucune lecture de l'Histoire ne peut être revue de façon manichéenne. Il est normal de se poser la question : de qui est-on victime ? Que le débat soit engagé est une bonne chose. Le principal est de ménager une vraie fierté de notre Histoire, tout en étant lucide sur ses heures sombres, sans user de la violence au nom d'un statut de victime. Je refuse d'être accusée de maux pluriséculaires. Cela conduit à l'extrémisme avec une certaine amplification par les chaînes d'information en continu. Même les Africains étaient amusés de voir que nous débaptisions le sommet France-Afrique en sommet Afrique-France. Je préfère retrouver une lecture saine et éclairée de notre histoire plutôt que contribuer à entretenir une repentance permanente. On peut citer à ce propos

Tocqueville : « Si le présent n'est pas éclairé par le passé, alors on marche dans les ténèbres. » Impossible de faire du tri dans le passé. Je suis fière de l'Histoire de mon pays et refuse la repentance.

Coronavirus : la guerre

« Je dis seulement qu'il y a sur cette terre
des fléaux et des victimes
et qu'il faut, autant qu'il est possible,
refuser d'être avec le fléau. »

Albert Camus, *La Peste.*

Quand le 16 mars 2020, Emmanuel Macron répète à plusieurs reprises dans son discours « Nous sommes en guerre », je saisis évidemment la portée de ce qu'il veut dire. « Nous sommes en guerre, en guerre sanitaire, certes : nous ne luttons ni contre une armée ni contre une autre nation. Mais l'ennemi est là, invisible, insaisissable, qui progresse. Et cela requiert notre mobilisation générale. » Toutes les écoles de France sont fermées depuis le matin. Il annonce sans le nommer le confinement à venir. Un instant, je me dis que j'ai déjà connu ce sentiment de privation de liberté lorsque j'étais Casque bleu au Liban, sur mon camp de 9.10 de 500 mètres de circonférence avec sorties contrôlées. Depuis quelques semaines, nous suivons la progression de ce virus qui s'étend sur la carte, d'abord la Chine puis l'Italie et enfin la France, avec incrédulité. Cela me fait encore penser au livre de Thérèse Delpech, *L'Ensauvagement,* qui sur un autre sujet montre bien cette propension de l'Europe à une certaine surdité.

Bien que préparée, ce sentiment d'enfermement est compliqué à gérer. Je retrouve des sensations que j'ai pu connaître dans les pensionnats militaires. Si la première partie de ma scolarité s'est faite dans de très beaux établissements (lycée de Rennes, Prytanée de la Flèche), on ne peut pas vraiment en dire autant de ces cubes en béton qui abritaient l'école militaire de Saint-Cyr, alignés comme les pics d'un peigne. Je m'y sentais recluse.

À l'intérieur, je me souviens des longues heures où nous devions monter, démonter l'armement, briquer jusqu'à minuit nos Famas. Avec en bonus, le signal pour les rassemblements dans tous les uniformes possibles à n'importe quelle heure du jour et de la nuit. Nous étions constamment épiés. À 7 heures, chaque matin, nous n'échappions pas à la revue de chambre. Si bien qu'à la fin des classes au sein du camp de Coëtquidan, nous avons senti une vraie libération. Aujourd'hui, confinée avec ma famille dans une maison à la campagne, je relativise ; personne ne vérifie que mon lit est au carré, personne surtout n'est malade autour de moi. Et puis, cause ou conséquence, j'ai toujours eu une certaine facilité à faire face à l'imprévu.

Comme il a été mis en place une numérisation dans l'armée, Assemblée et gouvernement présentent un plan de gestion de crise, qui intègre la continuité législative avec réunions en visioconférences. Mes collaborateurs sont également confinés, mais je dispose d'une longueur d'avance puisqu'ils télétravaillent depuis le début de mon mandat.

La mission tenir se décale dans nos vies quotidiennes. Comme la plupart des mères, je cumule travail, école à la maison, repas trois fois par jour en m'essayant aux plats cuisinés. Je m'adonne au jardinage comme ceux qui ont la chance d'avoir un peu de terrain.

En temps de guerre, il ne faut pas manquer de munitions ni de matériel. La polémique sur les masques dont on a sous-traité la production à la Chine aurait pu être évitée si la France avait eu son ministre au Plan d'un quinquennat à l'autre. Lorsque je servais à la direction des études et de la prospective à Saumur, les personnels du service étaient surnommés « les sculpteurs de fumée » ; un moyen d'insister sur le fait que nous n'étions pas dans l'action immédiate. Néanmoins, mon chef savait pertinemment où il allait, nous œuvrions pour le long terme. Dans les textes, cette charge de planification incombe normalement au Premier ministre, mais il est déjà tellement surchargé qu'il lui est parfois difficile, et c'est bien normal, de faire de la prospective.

Cette planification, voulue dès le début de la Ve République par le général de Gaulle, est un vrai outil pour l'exercice du pouvoir. Il en définissait lui-même les avantages concrets : « Il embrasse l'ensemble, fixe les objectifs, établit une hiérarchie des urgences et des importances, introduit dans l'esprit des responsables et même dans l'esprit public le sens de ce qui est global, ordonné et continu, compense l'inconvénient de la liberté sans en perdre l'avantage. » Sa création par le nouveau Premier ministre Jean Castex, dès ses premières annonces, montre la pertinence d'une politique à long terme.

Qui dit guerre, dit moyens exceptionnels. Tout a été mis en œuvre pour maintenir les ressources des Français, soutenir les entreprises en perte d'activité, rapatrier les Français à l'étranger, y compris ceux qui étaient perdus sur des îles aux Philippines ou dans l'Himalaya. Le télétravail s'est vite imposé comme la nouvelle règle.

Avant que n'interviennent les applaudissements aux balcons des centres-villes, le décompte des morts s'égrène à la télévision chaque soir à 20 heures. Cela m'amène à interroger mon propre rapport à la mort. Avant même mon entrée à l'armée, j'y ai été confrontée. Mes arrière-grands-parents maternels vivant à la maison, j'ai vu ma mère se battre contre les médecins pour éviter à mon arrière-grand-père une amputation et un acharnement thérapeutique. J'y suis moi-même opposée, et considère que les dispositifs législatifs actuels sont suffisants. Il faut peut-être mieux connaître la loi Leonetti, mieux l'appliquer. En écoutant ces décomptes, je mesure combien j'y tiens.

Au début du déconfinement, il faut décider entre vice-présidents qui tiendra les premiers perchoirs, je réponds immédiatement présente. Comme beaucoup, j'ai hâte que la situation se normalise et hâte de retrouver ma vie. « Évidemment, tu as envie de reprendre ton travail à Paris, maman », me disent mes enfants qui adorent ce qu'ils appellent leurs corona-vacances, « Puisque tu es la cheffe de la France. » J'ai peut-être un peu coupé dans les virages en leur expliquant ma fonction…

Dans l'armée de Terre, nous avons un ouvrage de référence sur cette stratégie du long terme : le FT01 « Gagner la bataille et conduire la paix ». Nous apprenons que pour gagner la bataille, la phase d'intervention se déroule sur une durée relativement courte. De même, le confinement est concentré dans le temps. La phase décisive est celle que nous appelons la stabilisation. C'est la plus longue et si l'on continue le parallèle avec la pandémie, nous y sommes et cette phase va durer. Décisive, elle consiste à construire progressivement la normalisation au moyen d'un système politique, juridique et social adapté afin de parvenir progressivement au retour à la paix. Une idée guide toute la stratégie : « On ne sort bien d'une crise que si on y est bien entré. » De là l'importance de bien construire la réponse politique.

La joie de l'âme est dans l'engagement

Il y a une réelle continuité entre mon engagement militaire et mon engagement politique. J'y vois la même noblesse au service de la Nation. Il doit y avoir dans l'âme d'un chef ou d'un élu « la conviction profonde de l'égalité pleine et entière des hommes face aux exigences de la nature humaine » (*Livre bleu : l'exercice du commandement dans l'armée de Terre*, 2016, p. 15). La notion d'humanité prend tout son sens dans ma logique d'engagement, ma volonté constante de servir. En dépassant l'individualisme, on découvre qu'il y a plus important que soi-même. C'est ainsi que j'ai trouvé du sens à ma vie.

La Nation est une âme

« La nation est une âme, un principe spirituel. Deux choses qui, à vrai dire, n'en font qu'une, constituent cette âme, ce principe spirituel. L'une est dans le passé, l'autre dans le présent. L'une est la possession en commun d'un riche legs de souvenirs ; l'autre est le consentement actuel, le désir de vivre ensemble, la volonté de continuer à faire valoir l'héritage qu'on a reçu indivis. [...] Une nation est donc une grande solidarité, constituée par le sentiment des sacrifices qu'on a faits et de ceux qu'on est disposé à faire encore. [...] Je me résume, Messieurs. L'homme n'est esclave ni de sa race ni de sa langue, ni de sa religion, ni du cours des fleuves, ni de la direction des chaînes de montagnes. Une grande agrégation d'hommes, saine d'esprit et chaude de cœur, crée une conscience morale qui s'appelle une nation. »

Conférence d'Ernest Renan
« Qu'est-ce qu'une nation ? », 1882.

Être jeune

La jeunesse n'est pas une période de la vie,
elle est un état d'esprit, un effet de la volonté,
une qualité de l'imagination, une intensité émotive,
une victoire du courage sur la timidité,
du goût de l'aventure sur l'amour du confort.

On ne devient pas vieux pour avoir vécu
un certain nombre d'années :
on devient vieux parce qu'on a déserté son idéal.
Les années rident la peau ;
renoncer à son idéal ride l'âme.
Les préoccupations, les doutes, les craintes
et les désespoirs
sont les ennemis qui, lentement,
nous font pencher vers la terre
et devenir poussière avant la mort.

Jeune est celui qui s'étonne et s'émerveille.
Il demande

comme l'enfant insatiable : Et après ?
Il défie les événements
et trouve de la joie au jeu de la vie.

Vous êtes aussi jeune que votre foi.
Aussi vieux que votre doute.
Aussi jeune que votre confiance en vous-même.
Aussi jeune que votre espoir.
Aussi vieux que votre abattement.

Vous resterez jeune tant que vous resterez réceptif.
Réceptif à ce qui est beau, bon et grand.
Réceptif aux messages
de la nature, de l'homme et de l'infini.

Si un jour, votre cœur allait être mordu
par le pessimisme
et rongé par le cynisme, puisse Dieu avoir pitié
de votre âme de vieillard.

« Être jeune »,
D'après Général Mac Arthur 1945.

Remerciements

À Christian, mon beau-père, passionné de politique, qui nous a quittés trop tôt. « Madame la République » se sent orpheline aujourd'hui ; qui d'autre aurait pu me surnommer ainsi ?

À Alicia, notre ange, à l'origine de nombreuses insomnies créatrices.

À mon équipe de collaborateurs, unis par les épreuves, tels des commandos !

À mes collègues et amis, politiques, civils et militaires.

À Clara Dupont-Monod, notre « colonel Hathi ».

À mon village de Turquant et à notre Loire si inspirante.

Cet ouvrage a été composé par NORD COMPO

Imprimé en France par
CPI BRODARD & TAUPIN (72200 La Flèche)
en janvier 2021

pour le compte des Éditions J.-C. LATTÈS
17, rue jacob – 75006 Paris

PAPIER À BASE DE FIBRES CERTIFIÉES

JC Lattès s'engage pour l'environnement en réduisant l'empreinte carbone de ses livres. Celle de cet exemplaire est de :
450 g éq. CO_2
Rendez-vous sur www.jclattes-durable.fr

N° d'impression : 3041486
N° d'édition : 01
Dépôt légal : février 2021
Imprimé en France